JN411950

쓰기 격차의 해소

쓰기 격차의 해소

ALEX QUIGLEY 지음 | 김진희 옮김

CLOSING THE WRITING GAP

글쓰기 능력을 키우는 실천 전략

글로벌콘텐츠

추천의 글

“알렉스 퀴글리(Alex Quigley)는 이 책에서 “우리의 삶은 글쓰기로 가득 차 있으며, 글쓰기로 삶이 더욱 풍성해진다”, “한 사람의 이야기는 출생 신고서에서 시작해 묘비명으로 끝난다”라고 표현했다. 글쓰기의 본질을 이보다 더 명확하게 설명하기 어려울 것이다. 이 책은 그 통찰을 선언에 그치지 않고 교육 현장에서 활용할 수 있는 글쓰기 지도 원리와 실천 전략으로 설득력 있게 풀어낸다. 저자는 글쓰기와 범교과적 문해력이라는 중요한 주제에 대해 나에게 영감을 주는, 내가 가장 신뢰하는 전문가로 자리매김하였다.”

– 제프 바톤(Geoff Barton), 학교·대학 관리자 협회 (Association of School and College Leaders) 사무총장, 전직 영어 교사

"이 책은 글쓰기 연구 성과를 누구나 쉽고 재미있게 이해할 수 있도록 구성되어 있다. 글쓰기 교육의 역사를 설득력 있게 개관하는 것으로 시작하여 독자에게 글쓰기 연구 결과와 이를 수업에 적용할 수 있는 핵심 전략을 분명하게 제시한다. 또한 교사가 자신의 수업을 성찰하고 개선하는 데 도움이 되는 다양한 읽을거리와 실천 사례까지 풍부하게 담았다."

- 데브라 마이힐(Debra Myhill)

영국 엑서터 대학교(University of Exeter) 글쓰기 연구센터 소장

"이 책은 글쓰기를 지도하는 교사들의 고된 현실을 여실히 보여주었다. 교사들은 글쓰기 교육의 중요성을 잘 알고 있으면서도 자신의 글쓰기 전문성을 학생들의 실제 학습으로 연결하는 과정에서 자주 막힌다. 저자는 이 간극을 메울 수 있는 근거에 기반한 실용적 해법을 제시한다. 문법의 기초부터 언어 예술로서의 수사학, 초고 작성과 편집 단계에서 바로 적용할 수 있는 글쓰기 전략에 이르기까지 실용적인 글쓰기 지도법을 폭넓게 담아내어 학문성과 현장성을 모두 갖췄다. 글쓰기를 가르치는 모든 교사에게 이 책은 사실상 필독서다."

- 마크 로버츠(Mark Roberts)

영어 교사, 『한 소년의 질문(The Boy Question)』의 저자

"알렉스 퀴글리는 글쓰기 교사와 학교 관리자를 위해 또 한 권의 명저를 완성했다. 이 책은 '쓰기 격차의 해소'라는 교육적 과제의 핵심을 짚으며 글쓰기 수업을 성찰하는 교사에게 영감을 준다. 또한 모든 학교급 교사에게 필요한 교육적 통찰과 교실에서 바로 적용할 수 있는 유용한 실천 전략을 아낌없이 제시한다. 뛰어난 필력의 저자는 자신의 전문성과 교육 경험을 정밀하고 명료한 언어로 독자에게 전달한다."

– 케이트 존스(Kate Jones)

역사 교사, 교육 컨설턴트, 작가, 블로거(@KateJones_Teach)

"이 책은 오늘날 글쓰기 교실이 처한 문제에 대한 해법을 담고 있다. 저자는 날카로운 통찰로 교사들이 글쓰기 교육의 난제를 어떻게 풀어가야 하는지 명확한 방향을 제시한다. 특히 이 책의 강점은 교사들이 교실에서 곧바로 적용할 수 있는 구체적인 실천 전략을 풍부하게 담아낸 실용성에 있다. 다양한 사례를 통해 교육자가 학생의 글쓰기 능력을 높이기 위해 무엇을 개선하고 어떻게 지원해야 하는지까지 깊이 있게 안내한다. 학생들의 학문적 문해력 향상에 관심 있는 학교와 교사라면 이 책을 꼭 읽어보기를 권한다.

– 크리스 커티스(Chris Curtis)

영어 교사, 『영어를 어떻게 가르쳐야 하는가?(How to Teach English)』의 저자

서문

글쓰기는 우리 생활과 매우 밀접하다. 이메일 작성에서부터 이력서 쓰기에 이르기까지 글쓰기는 생활 전반에 깊숙이 자리 잡고 있으며, 학교 시험과 각종 평가에서도 중요하게 반영되고 있다. 겉보기에는 글쓰기가 누구나 할 수 있는 '자연스러운 행위'이지만, 실제로 글쓰기는 많은 학생에게 어려운 과제이며 학생들의 학업은 물론 삶 전반에 걸쳐 지속적으로 영향을 미친다. 따라서 교실 내 쓰기 격차를 해소하기 위해서는 교사가 글쓰기를 자신 있게 지도할 수 있도록 충분한 배경지식과 글쓰기 지도 전문성을 체계적으로 지원할 필요가 있다.

알렉스 퀴글리(Alex Quigley)는 『쓰기 격차의 해소(Closing the Writing Gap)』에서 글쓰기의 역사와 과학적 접근법을 독자가 이해하기 쉽게 정리하였으며 글쓰기 지도에 관한 이론적 논의를 포괄적으로 다루었다. 나아가 학생들이 능숙하게 글을 쓰게 만드는 효과적이고 실용적인 방안과 그 근거까지 풍부하게 담아내었다. 이 책은 초중등학교 교사에게 유용한 실천 전략을 제시하여, 모든 학교급의 교사가 학생들의 글쓰기 발달을 체계적으로 지원하는 전문가로 성장할 수 있도록 돕는다. 특히 거시적 차원에서는 계획하기, 수정하기, 편집하기 등의 글쓰기 과정 전반을, 미시적 차원에서는 문법과 맞춤법 같은 정확한 언어 사용 전략을 깊이 있게 다루었다.

이 책은 교사가 주도하는 글쓰기 교육의 중요성을 강조하며, 모든 교과에서 적용할 수 있는 구체적인 지도 방안을 담고 있다. 또한 수업에서 곧바로 활용할 수 있는 간단한 수업 도구와 자료, 교실에서 할 수 있는 다양한 활동 등도 함께 담았다.

알렉스 퀴글리(Alex Quigley)는 영국의 국가 교육 자선단체인 교육기금재단(Education Endowment Foundation)의 콘텐츠 총괄 매니저로 활동하고 있다. 그는 요크의 헌팅턴 학교(Huntington School) 영어 교사로 재직했으며, 헌팅턴 연구학교(Huntington Research School) 소장을 역임했다. 또한 영국 교육주간잡지(Times Educational Supplement)와 중등교육신문(Teach Secondary)의 칼럼니스트로 활동하고 있다.

역자 서문

글쓰기는 사람과 세상을 연결하는 가장 강력한 무기다. 누구나 글을 쓰지만, 모든 사람이 글을 '잘 쓰는' 것은 아니다. 글쓰기는 일상생활과 사회생활 전반에서 개인의 역량을 드러내고 사고와 지식을 확장하는 힘을 길러준다. 그러나 글쓰기 능력이 이처럼 중요해도 교실에서 학생 간 쓰기 격차는 점점 벌어지고 있다. 이 격차는 학업 성취의 차이를 넘어 교육 기회의 불평등으로 이어질 수 있다는 점에서 매우 시급한 교육적 과제라 할 수 있다. 이 문제를 해결하기 위해서는 이를 개별 학생의 글쓰기 실력 부족으로만 보는 관점에서 벗어나야 한다. 가정의 문식 환경, 지역 및 학교의 교육적 자원, 교사의 글쓰기 교육의 전문성 등 여러 요인이 복합적으로 얽혀 있는 구조적 문제로 이해해야 한다. 다시 말해, 쓰기 격차는 개인의 능력 차이가 아니라 교육적·사회적 요인이 누적되어 나타난 결과이기도 하다.

학년이 올라갈수록 학생들은 교육과정 속에서 점점 더 복잡하고 정교한 글쓰기 과제를 수행하게 된다. 독서 감상문, 역사 탐구 보고서, 과학 실험 보고서, 예술 작품 비평문 등 다양한 유형의 글쓰기는 축적된 어휘력과 사고력을 바탕으로 생각을 글로 표현하는 중요한 교과 학습 도구로 기능한다. 그러나 교과별 글쓰기에 필요한 지식, 전략, 연습 경험을 충분히 갖지 못한 학생들은 자신의 생각을 언어로 조직하고 표현하는 과정을 낯설고 어렵게 느낀다. 그 결과 학생들은 글쓰기에 대한 자신감을 잃고 나아가 교과 학습 전반과 학교생활에서 무력감을 경험하기도 한다. 결국 많은 학생들이 학업과 사회생활에 필수적인 쓰기 능력을 충분히 갖추지 못한 채 학교를 떠나고, 언젠가 글쓰기 때문에 난처한 상황을 마주하게 된다.

글쓰기에 능숙한 학생들은 대체로 풍부한 환경적·교육적 지원 속에서 글쓰기 경험을 누적시키며 학업 성취를 이룬다. 반대로 그렇지 못한 학생들은 시간이 지날수록 글쓰기 능력이 점차 저하되며, 이로 인해 교실 내 쓰기 격차는 더욱 심화된다. 이런 현실에서 교사는 서로 다른 출발선에 놓인 학생들을 동시에 지도하고 지원해야 하는 어려움에 놓여 있다.

이 책은 바로 이러한 현실에서 출발하여, 학생이 학교 현장에서 겪는 다양한 글쓰기의 어려움을 교사가 도울 수 있는 실천적인 해법을 다룬다. 특히 교사가 교실에서 곧바로 적용할 수 있는 글쓰기 교수·학습 활동, 학문적 문해력 지도 방안, 명시적인 교수 전략, 체계적인 피드백 방법 등을 중심으로 '쓰기 격차'를 해소할 수 있는 다양한 해법을 제시하고 있다.

우리가 지향하는 바는 학생들이 단지 기능적으로 글을 '잘 쓰는' 수준에 머무는 것이 아니다. 글쓰기를 통해 자신의 생각을 표현하고, 자신을 세상에 드러내며, 삶을 더욱 주체적으로 이끌어 갈 수 있도록 돕는 데에 그 목적이 있다. 이는 교육이 실현해야 할 가장 본질적이고 정의로운 가치일 것이다.

결국, 쓰기 격차를 해소하기 위해서는 학생 한 사람 한 사람의 글쓰기 성장을 지원하려는 교사의 실천과 노력이 핵심이다. 또한 그러한 교사의 노력이 지속될 수 있는 제도적 지원이 뒷받침되어야 한다. 이 책이 교사들에게 글쓰기 지도를 위한 실용적인 도구이자 신뢰할 수 있는 동반자가 되기를 바란다. 더 나아가 이러한 토대 위에서 모든 학생이 글쓰기를 통해 자신의 목소리를 세상에 당당히 드러낼 수 있기를 기대한다.

역자 김진희

제가 글을 쓸 수 있도록
아낌없이 지원해 주신 부모님께 진심으로 감사드립니다.

케이티(Katy), 프레야(Freya), 그리고 노아(Noah),
나의 삶에 누구도 쉽게 지울 수 없는 흔적을 남겨 주어 고맙다.

감사의 글

이 책 곳곳에 통찰과 아이디어를 준 케이티 길버트(Katy Gilbert), 필 스톡(Phil Stock), 캐롤라인 빌턴(Caroline Bilton), 마커스 존스(Marcus Jones), 데이비드 디다(David Didau)와 존 톰셋(John Tomsett)에게 깊이 감사드립니다. 또한 이 책이 출간되기까지 여러 지원과 전문적인 조언을 아끼지 않은 몰리(Molly), 안나마리(Annamarie), 그리고 라우틀리지(Routledge) 출판팀에게도 진심으로 감사의 마음을 전합니다.

글쓰기 교육에 관한 연구 성과를 이루고 사고의 지평을 넓혀 온 수많은 연구자와 저자에게 경의를 표합니다. 특히 데브라 마이힐(Debra Myhill), 데이비드 크리스털(David Crystal), 스티브 그레이엄(Steve Graham), 파이 코벳(Pie Corbett), 주디스 호크먼(Judith Hochman), 나탈리 웩슬러(Natalie Wexler), 캐런 해리스(Karen Harris) 등은 이 책을 집필하는 데 지대한 영향을 주었습니다. 이 밖에도 많은 분들의 학문적 성과가 이 책의 깊이를 더하는 데 밑거름이 되었습니다. 또한 책의 말미에 실린 '참고문헌'이 저처럼 글쓰기 지도를 고민하는 독자들에게 깊이 있는 통찰을 제공하는 길잡이가 되기를 바랍니다.

끝으로, 제가 함께 일할 수 있었던 협력 학교의 교사와 학교 관리자 분들께도 감사의 마음을 전합니다. 이 책에 담긴 많은 아이디어는 대부분 실제 교육 현장에서 얻은 경험과 반성에서 비롯된 것입니다. 유능한 교사들과 교육기금재단(EEF)의 동료들은 제게 큰 영감을 주었습니다. 또한 로비 콜먼(Robbie Coleman)과 함께 중등학교 문해력에 관한 보고서를 집필하고, 이기 로즈(Iggy Rhodes)에게서 '문법 수업(Grammar time)'에 관한 식견을 듣고, 캐롤라인 빌턴(Caroline Bilton)과 문해력 프로젝트를 진행했던 경험들은 이 책을 집필하는 데 중요한 토대가 되었습니다.

참고: 이 책에 등장하는 모든 학생의 이름은 가명이며, 신원 보호를 위해 학생들의 글쓰기 특성은 재구성하였습니다.

차 례

Ⅲ. 글쓰기, 단순하지 않은 과학

Ⅳ. 문법 수업

Ⅴ. 멋진 문장 만들기

VI. 학문적 글쓰기

VII. 글쓰기 지도를 위한 실천 전략

Ⅷ. 다음 단계

들어가며

DOI: 10.4324/9781003179962-1

우리의 삶은 글쓰기로 가득 차 있으며, 글쓰기로 삶이 더욱 풍성해진다. 한 사람의 이야기는 출생 신고서에서 시작해 묘비명으로 끝난다. 우리는 글을 쓰면서 공부하고, 사랑하고, 추억하고, 위로하고, 즐기고, 상상하고, 때로는 논쟁하며 그렇게 삶을 영위한다.

지금 당신이 읽고 있는 이 글은 현대 문명이 창조한 가장 위대한 발명품이자 인간의 본능적인 소통 욕구를 실현한 도구다. 불과 몇천 년 전까지만 해도 극소수의 사람만이 돌이나 뼈에 무언가를 새길 수 있었다. 하지만 지금은 전 세계 약 50억 명이 글을 쓰고 소통하는 시대에 살고 있다. 이처럼 글쓰기는 비약적인 발전을 거듭하면서 이제는 전 세계 사람들을 단숨에 잇는 소통 수단이 되었다.

이렇게 사람들은 글쓰기가 지닌 혜택과 즐거움을 누리고 있지만, 여전히 능숙하게 글을 쓰는 사람과 그렇지 못한 사람 사이에는 커다란 격차가 존재한다. 영국만 해도 약 710만 명의 성인이 기능적 문맹이라고 한다.[1] 예를 들어 상사에게 이메일을 보내거나 본인의 이력서조차 제대로 쓸 수 없는 상황에 놓인 이들을 상상해 보라. 이처럼 많은 청소년과 성인이 일상적이고 쉬운 글조차 제대로 쓰지 못해 글쓰기를 통해 얻는 수많은 기회를 놓치고 있다. 이것이 바로 기능적 문맹에 속하는 사람들의 냉혹한 현실이다.

어떤 통계나 교육 현장의 데이터로도 글쓰기에 어려움을 겪는 사람들의 좌절감과 상실감을 충분히 포착하기 어렵다.

안타깝게도, 글쓰기에 어려움을 겪는 대다수 청소년과 성인은 자신의 인생을 글로 표현하지 못해 자신의 목소리를 세상에 전하지 못한다. 그런데도 글쓰기에 대한 논쟁은 여전히 문법 용어나 문체에 대한 편협하고 소모적인 논쟁에 그치는 경우가 많다. 그사이 수많은 학생이 글쓰기 능력이 부족하여 학업을 포기하는 상황인데도, 오늘날 작문, 문법 등 기본적인 글쓰기 지도법에 대한 교사 훈련은 부족한 실정이다. 미디어에서도 이 점에 대해 문제를 제기하고 비판적 입장을 전하지만, 정작 쓰기 격차를 해소할 수 있는 구체적인 해법에 대해서는 다루지 않고 있다.

'우리는 누구나 마음속에 소설 하나쯤은 가지고 산다'라는 근거 없는 통념에는 냉혹한 현실이 감춰져 있다. 실제로 소설을 쓰는 사람은 소수이며, 학교에서 능숙하게 글을 쓰는 학생조차도 유창하고 자신감 있게 글을 쓰는 경우는 드물다. 우리는 종종 글쓰기 능력은 타고나는 것이며 학습으로 길러질 수 있는 능력이 아니라고 오해한다. 크레파스로 글자를 끄적거리던 유아기부터 긴장감이 넘치는 시험장에서 논술 시험을 치르는 청소년기에 이르기까지, 우리는 글쓰기 능력을 기르려면 수천 시간의 연습과 노력이 필요하다는 사실을 종종 잊는다.

어떤 이는 글쓰기가 읽기와 수학에 비해 중요성이 간과된다는 점에서 '묵음의 "R" 발음'에 비유하기도 했다.[2] 그러나 글쓰기는 학생들의 잠재력을 펼치게 할 수도, 반대로 감추게 할 수도 있는 중요한 능력이다. 따라서 우리는 모든 교육과정 단계에서 글쓰기 교육에 더욱 관심과 노력을 기울일 필요가 있다.

학생의 쓰기 격차

여기서는 학생들이 매일 수행하는 글쓰기 활동을 한번 해 보겠다. 먼저 인도 콜카타(Kolkata)에서 발생한 사이클론에 대한 짧은 글을 빠르게 읽어보자.

> 강력하고 치명적인 열대성 사이클론이 인도 동부 도시 콜카타를 강타했다. 이 거센 폭풍으로 서벵골(West Bengal)과 인근 지역에서 약 100명의 목숨이 희생되었다. 사이클론 암판(Cyclone Amphan)은 약 16피트에 이르는 폭풍 해일을 동반해 해안 지역을 휩쓸었고 도시 전역에 홍수를 일으켰다. 그 결과 저지대는 늪지대처럼 변했으며 사이클론의 여파로 많은 주택이 무너지고 정전이 발생하였고 수천 그루의 나무는 뿌리째 뽑혔다.

자, 이제 위의 글을 읽고 한 문장으로 요약하여 아래 빈칸에 작성해보자. 단, 글을 쓸 때 10개 이내의 단어를 사용해야 하며 평소 사용하지 않는 손(예 : 오른손잡이면 왼손으로 쓴다)으로 요약문을 작성해야 한다.

여기서 중요한 질문을 해 보겠다. 이 과제를 해 보니 과연 어떤 느낌이 드는가?

이처럼 매일 반복되고, 반드시 해야만 하는 글쓰기 과제를 성공적으로 해내려면 어떤 지식과 기능이 필요한지 생각해 보자.

아마도 당신은 평소 사용하지 않는 손으로 글을 쓰느라 불편했을 것이다. 이로써 숙달된 손 글씨가 얼마나 어렵게 습득된 기능인지 알게 되었을 것이다. 이처럼 학생들에게 손 글씨 기능은 글쓰기 목표 달성에 도움이 되기도 하고 방해가 되기도 한다. 다음으로, 당신은 요약문을 쓰기 위해 배경지식과 읽기 전략을 활용했을 것이다. 즉 콜카타를 설명하는 단어 위주로 훑어 읽으며 이와 관련된 배경지식을 떠올리고, 핵심 정보를 몇 개의 단어들로 적었을 것이다. 이후 정확하고 완전한 문장의 형식으로 요약문을 신속하게 자신의 말로 구성했을 것이다.

작가들이 글을 쓸 때 복잡한 쓰기 전략들을 신속하게 활용한다는 점을 생각해 본다면, 글쓰기에 미숙한 수많은 학생이 이러한 글쓰기 전략을 활용하지 못해 교실에서 얼마나 어려움을 겪고 있을지 충분히 짐작할 수 있다. 어쩌면 문맹이 아닌 사람조차도 교실의 학생들처럼 글쓰기가 어렵다고 느낄지도 모른다. 이처럼 학생들이 일상에서 접하는 글쓰기 과제에는 보이지 않는 '쓰기 격차(writing gap)'가 있으며, 지금 이 순간에도 쓰기 격차는 계속되고 있다.

간혹 고도의 복잡한 행위인 글쓰기는 종종 체스 게임에 비유되기도 한다.[3] 교실에서 글쓰기 과제를 할 때는 다양한 쓰기 전략, 예를 들면 글씨체, 단어 선택, 맞춤법, 문단 구성, 예상 독자 고려, 배경지식 활성화, 쓰기 목적 설정과 장르 선택 등 자신이 선택할 수 있는 많은 선택지 중에서 여러 의사결정을 내려야만 한다.

예를 들어 열여섯 살 학생이 20개 과목의 시험을 치러야 한다고 가정하면, 그들은 매번 다른 체스판에서 서로 다른 상대와 연속 경기를 신속하게 치러야 하는 상황에 처한 셈이다. 이 학생들은 각 교과마다 글쓰기 과제를 빠르고 능숙하며 자신 있게 써야 한다는 압박감에 시달린다.

따라서 모든 글쓰기에는 고도의 쓰기 전략이 필요하다. 또한 교과마다 다른 유형의 글을 써야만 한다. 예를 들어 저학년에는 주로 문제에 대한 약술형 쓰기 과제가,[4] 고학년에는 노트 정리와 같은 쓰기 과제가 주어진다. 또한 보통 수업에서는 이야기 쓰기, 에세이 쓰기, 시험 문제에 대한 논술형 답안 쓰기 등 여러 유형의 글쓰기를 넘나들며 수행한다. 때문에 교사는 다양한 유형에 따른 쓰기 전략을 지도해야 한다.

교육과정 단계마다 글쓰기 교육의 목표는 바뀐다. 예를 들어 2학년은 과거의 '런던 대화재' 사건을 배경으로 상상력을 더해 이야기를 창작하거나, 연소에 대한 과학 실험 보고서를 작성할 수 있어야 한다.

9학년은 과학 수업에서는 실험 노트를, 역사 수업에서는 에세이를, 예술 수업에서는 작품 감상평을, 영어 수업에서는 논술문을 쓸 수 있어야 한다. 각 글쓰기 과제는 장르에 따라 문체, 형식, 쓰기 전략이 다르며 글쓰기 과정의 계획하기, 초고 쓰기, 편집 및 수정하기 단계 역시 장르별로 다르게 수행한다.

우리는 인상적인 문장이나 이야기를 구성하는 방법을 자연스럽게 알고 있으므로 글쓰기 과정을 깊이 이해하지 않고도 글쓰기 교육을 할 수 있다고 생각하기 쉽다. 그러나 글쓰기는 말하기처럼 자연스럽게 익힐 수 있는 능력이 아니다. 읽기, 물리학, 대수학을 모든 학생이 어렵다고 느끼듯이 생각을 글로 옮기는 일 역시 고난도의 사고 기능이 필요하다.[5]

교사는 매일 글쓰기 과제를 두고 애쓰는 학생을 보게 된다. 교사는 글쓰기에 어려움을 겪는 학생의 글에서 맞춤법, 문법 오류, 근거 없는 주장, 특히 논술문에서는 논리성, 아이디어, 설득력 부재 등의 전형적인 문제를 자주 발견한다.

전 세계적으로 학생들의 글쓰기 능력 저하에 대한 우려가 커지고 있다.[6] 이와 관련한 내용의 연구 결과가 이미 나와 있음에도 불구하고 능숙하게 글을 쓰는 학생을 길러내야 할 교사들은 계획하기, 수정하기와 같은 글쓰기 전략을 효과적으로 지도하지 못하고 있다.[7]

실제로 학생들은 한 단락 쓰기 이상의 길고 복잡한 글을 쓸 기회가 많지 않다.[8] 이러한 현실을 체스 게임으로 비유하자면, 체스판 위에 아무 생각 없이 말을 내려놓듯 글쓰기를 단순한 과제로 축소하는 것과 같다. 또한 학생들이 단문 쓰기 위주로 연습하다 보면 빈약한 어휘와 단순한 구조로 글을 쓰게 되거나 글을 쓸 때 문장을 의식적으로 다듬고 이를 고치는 과정을 소홀하게 된다. 이처럼 학교 교육과정이 시험에만 초점에 두고 글쓰기 과제를 단답형 과제로 축소하면 학생들이 글쓰기를 통해 교과 학습 내용을 깊이 있게 이해할 수 없게 된다.[9]

글쓰기는 어렵고 복잡한 과제이지만 교사는 교실 안에서 할 수 있는 다양하고 유익한 글쓰기 활동을 핵심적인 지도 전략으로 삼아야 한다. 확장된 학문적 글쓰기, 즉 '학습 목적의 글쓰기'를 잘하려면 충분한 시간과 노력이 필요하다. 이러한 과정이 뒷받침되어야 교실 속 쓰기 격차가 해소될 수 있다.

교사의 쓰기 격차

나에겐 오랫동안 내 곁을 맴도는 기억 하나가 있다. 내가 교직에 몸담았던 시절에 있었던 가슴 아픈 일화이다.

다니엘(Daniel)은 나에게 절대 잊을 수 없는 학생이다. 그는 친절하고 성실한 학생이었다. 몇 년이 지난 지금도 그의 글씨는 또렷하게 기억한다. 다니엘은 파란색 볼펜으로 종이 위에 한 자 한 자 또박또박 글씨를 쓰곤 했다. 그렇게 그는 정성을 다해 글을 썼지만, 그의 문장에는 맞춤법 실수, 글 전개 방식 등의 문제가 종종 드러났다.

그는 셰익스피어에 대한 에세이든, 자서전 형식의 글이든 긴 글을 최대한 많이 쓰려고 애썼다. 하지만 글이 길어질수록 실수는 더 많아

졌다. 그는 긴 글을 써 내려가면서 표현력 부족과 어휘 사용의 한계, 배경지식의 부족함이라는 보이지 않는 장벽에 계속 부딪혔다. 나는 그의 글 곳곳에 피드백을 해주기도 하고, 어휘 연습을 시켰으며, 자주 나타나는 문장 오류들도 알려주려고 애썼지만, 그는 근본적으로 글쓰기 기초 지식이 부족했다. 또한 교사인 나 역시 글쓰기 지도에 대한 배경지식이 부족하다는 점을 인정할 수밖에 없었다.

다니엘을 보면서 나의 학창 시절이 떠올랐다. 사실 나는 문법을 제대로 배우지 못한 세대에 속했다. 당시 교육계는 문법 수업을 두고 '시간 낭비'[10]라고 하거나 '불필요한 활동'[11]으로 치부했다. 이러한 현실은 교사의 문법 지식이 부족하게 되는 결과를 낳았으며 장기적으로는 글쓰기와 언어 교육 전반의 질 저하로 이어졌다.

내가 받은 교사 연수는 글쓰기 흥미 유발을 위한 자료, 단편적인 지도법, 형식적인 쓰기 계획 활동지를 제공하는 수준이었다. 당시의 중등 영어 수업에서는 단편적인 글쓰기 활동을 창의적인 글쓰기 활동으로 간주했다. 다니엘과 같은 학생들에게 피상적인 쓰기 전략만 알려주면서 양질의 글을 쓰기를 기대하는 것은 애초에 실패로 끝날 수밖에 없었다. 물론 나의 글쓰기 지도력이 부족한 탓도 있었다. 하지만 그의 GCSE 시험 성적이 낮았던 주요 이유가 글쓰기 문제라는 점은 누구도 부인하기 어려웠다.

나는 전직 영어 교사로서 '교사'라면 당연히 글쓰기 지도를 전문적으로 가르칠 것이라는 사회적 기대를 잘 알고 있었다. 그래서 이러한 고백이 부끄럽기도 하다. 그런데 이런 생각을 하는 교사가 나 혼자만은 아닐 것이다. 대부분의 교사는 학교급, 과목, 학년과 무관하게 글쓰기에 미숙한 학생들에게 문장 쓰기를 효과적으로 지도하는 것조차 어려움을 겪고 있다.[12]

문법은 학생들에게 생각을 다양하게 표현할 수 있는 길을 열어준다. 하지만 실제 글쓰기 수업에서 학생들은 글쓰기에서 문법을 활용하는 방법에 대해 배우지 못해 이 중요한 과정이 유의미한 학습으로 이어지지 못하고 있다.[13] 그렇다면 교사들은 왜 문법 지식이 부족하고, 문법 지식이 글쓰기에서 어떤 역할을 하는지 모를까? 그리고 학생의 글쓰기 능력을 키울 소중한 기회를 왜 놓치고 있을까? 그 이유는 아마도 교사들이 문법 지도를 잘할 수 있다는 자신감이 부족하기 때문일 것이다.

대부분의 교사는 효과적인 글쓰기 지도 방법에 대한 체계적인 연수를 충분히 받지 못한 채 교단에 선다. 이 씁쓸한 현실은 콜린 피콕(Colin Peacock)의 저서에서도 잘 드러나 있다.

> 대부분의 글쓰기 교사는 아마도 나처럼 검증되지 않은 신념과 제한적인 전문성을 지닌 채로 교직 생활을 시작한다. 그리고 주로 교실 수업에서 얻은 경험과 시행착오를 거치면서 그렇게 고군분투하며 배워 나간다.
>
> *『쓰기 지도: 체계적 접근법』, 콜린 피콕(Colin Peacock)*[14]

지금 이 책을 읽는 교사 중에서도 교사 양성 과정에 문제가 있다는 지적에 공감하는 교사가 적지 않을 것이다.

물론 대다수 학생은 교사의 글쓰기 지도력과 무관하게 글쓰기에 큰 어려움을 느끼지 않는다. 이런 학생들은 대체로 어릴 때부터 습관적으로 책을 읽었으며 책장에 책이 가득한 문식 환경에서 성장했을 확률이 높다. 또한 글쓰기 매체에도 자연스럽게 노출되었을 것이다. 그래서 그들은 특정 교과나 장르에 따라 글쓰기 전략이 다르다는 사실을 본능적으로 이미 알고 있다. 이에 그들은 과학 보고서를 쓰면서 적절한 전문 용어, 객관적인 문체, 정교한 문장을 사용한다. 그들은 '학문적 글쓰기'라는 이름을 알든 모르든 이미 학문적 글쓰기 능력을 체득했기 때문이다.

이런 학생들의 모습을 보다 보면 글쓰기 능력이 시간이 지나면 자연스럽게 터득된다고 착각하기 쉽다.

이즈음에서 저자가 "어떤 아이들은 단순히 반복적으로 글을 쓰는 활동만으로도 글쓰기 능력을 키울 수 있겠지만, 그런 아이들은 아마도 극소수에 불과할 것이다"라고 한 말을 생각해 보자. 다니엘 같은 학생은 문장 구조에 관한 교과서 설명이나 낯선 문법 용어의 개념을 쉽게 이해하지 못할 뿐만 아니라 전문가가 쓴 '모범문'을 자신의 글쓰기에 모방하는 것조차 어려워했다. 시험장에서도 쓰기 전략을 활용하여 능숙하게 복잡한 글쓰기 과제를 수행해야 하는데 다니엘은 다양한 글쓰기 전략을 활용하지 못해 시험에서 결국 실패하고 말았다.

이처럼 매일 교실에서 글쓰기를 시도하지만 크고 작은 실패가 쌓이고 있는 다니엘과 같은 수천, 수만 명의 학생을 떠올려 보자. 그런 학생들을 교사가 글쓰기 지도의 자신감과 배경지식 없이 가르친다면,

그 결과는 장기적으로 되돌리기 어려운 결과를 초래할 수 있다.

나는 지금도 다니엘이 어떤 모습으로 살고 있을지 한 번씩 떠올려 본다. 만약 그가 능숙한 글쓰기 실력을 갖추고 있다면 살면서 수많은 실패와 좌절을 피할 수 있지 않을까? 또 얼마나 많은 기회들을 가질 수 있었을지도 궁금하다.

글쓰기 교육 개선이 시급하다

교사로서의 사명감은 대체로 자라온 환경에서 형성되는 것 같다. 그 영향을 준 사람이 부모나 조부모일 수도 있다. 내가 교사가 되고 싶었던 이유는 글쓰기 능력을 갖추지 못했던 부모님을 보며 자랐던 어린 시절 때문이다. 부모님이 글쓰기 능력을 갖추지 못해 인생의 여러 선택 앞에서 제약을 받는 모습을 보며 나는 교육자가 되기로 결심했다.

학생이 읽고 쓰는 능력을 모두 갖추고 있어야 그들의 인생에 더 많은 기회가 주어진다는 사실을 모르는 교사는 없을 것이다. 실제로 글쓰기는 상호 연관된 선택이 얽혀 있는 거대한 네트워크이다.[15] 즉 단어와 문장을 선택하는 일은 작가가 자신의 주장을 펼쳐가는 세심한 작업이자 살아가는 데 필요한 의사결정을 연습하는 과정이다.

글쓰기를 잘하면 자격증 시험을 볼 수 있고 원하는 직장에 이력서도 낼 수 있다. 또한 정치 연설문을 쓰거나 사랑하는 연인에게 진심을 담은 고백 편지를 쓸 수도 있다.

우리는 글쓰기 능력, 즉 표현력을 낭만적인 관점에서 접근할 수도 있다. 하지만 한 문장 쓰기부터 논술문을 완성하기까지, 학문적 글쓰기에 능숙해지려면 체계적이고 명시적인 지도가 필요하다는 점을 잊어서는 안 된다.

교육과정의 모든 단계와 교과에도 학생들의 글쓰기 능력을 신장하는 '기적의 해법'은 나와 있지 않다. 안타깝게도, 전문 작가들의 현명한 조언도 때로는 모순처럼 들릴 때가 많다. 작가 윌리엄 서머셋 몸(William Somerset Maugham)은 "소설 쓰기에는 세 가지 규칙이 있다. 그런데 문제는 세 가지 규칙이 무엇인지는 아무도 모른다"라고 말했다. 이처럼 위대한 시인의 통찰도 A레벨 생물학 시험에서 학생들이 6점짜리 고득점 답안을 신속하게 써 내려가는 데 실질적인 도움을 주지 못한다.

모든 연령대에 적용되는 단순한 글쓰기 공식은 없지만, 교사와 학교가 학생의 쓰기 발달을 지원하고 쓰기 격차 해소를 위해 실천할 수 있는 근거 기반의 체계적인 지도법은 분명히 있다. 이 책의 전체 내용을 다음과 같은 7단계 실천 전략으로 요약할 수 있다.

1. 교사들에게 언어 예술로서의 글쓰기와 과학적 글쓰기를 교육하라.
2. 글쓰기 지도에서 말하기와 글쓰기의 수사적 기원을 적극적으로 활용하라.
3. 글쓰기 과정의 각 단계를 명시적으로 시범 보이고 지도하라.
4. 학생들에게 문법 지식을 지도하여 글쓰기에서 정교한 언어 선택

을 할 수 있도록 지원하라.

5. 글의 질을 높이는 문장 쓰기 교육에 집중하라.
6. 교과의 학문적 특성을 반영한 학문적 글쓰기를 우선시하라.
7. 초점화된 피드백을 계획하고, 글의 완성도를 평가하라.

글쓰기 교육에서 이상의 7단계 전략이 필요한 이유는 이러한 교실 속 실천 전략들이 우리가 가르치는 학생들의 학업 성공 가능성을 높일 수 있기 때문이다. 글쓰기 교육을 개선하면 모든 학생에게 유익한 결과를 가져올 수 있다. 특히 다니엘과 같은 글을 잘 쓰지 못하는 학생을 위해서라도 글쓰기 교육의 개선이 무엇보다 시급하다.

요약

- 수백만 명의 성인이 글쓰기 어려움을 해결하지 못하고 학교를 졸업한다. 쓰기 격차는 조기에 시작되어 학교생활 내내 지속되며, 학업 성취의 중요한 걸림돌이 될 수 있다.
- 학교에서 학생들은 글쓰기 과제를 수행할 때마다 수많은 쓰기 전략을 선택하고 의사결정을 해야 한다. 글쓰기는 마치 체스 게임과 유사하다.
- 교사의 '쓰기 격차' 문제, 즉, 글쓰기 지도법에 대한 교사의 배경지식과 자신감 부족 문제에 주목해야 한다. 이 문제를 해결하기 위해서는 교사에게 충분한 연수 기회, 다양한 자료와 매체, 그리고 충분한 연구 시간을 지원해야 한다.
- 글쓰기는 본질적으로 상호 연관된 선택이 얽혀 있는 거대한 네트워크이다. 따라서 우리는 학생들이 글쓰기에서 필요한 선택과 의사결정을 알 수 있도록 지도해야 한다.

주석

1. Kuczera, M., Field, S., & Windisch, H. C. (2012). Building skills for all: A review of England. OECD. 출처: www.oecd.org/education/skills-beyond-school/building- skills-for-all-review-of-england.pdf.

2. Magrath, C. P. et al. (2014). The neglected 'R': The need for a writing revolution. The National Commission on Writing in America's Schools and Colleges. 출처: https://archive.nwp.org/cs/public/download/nwp_file/21478/ the-neglected-r-college-board-nwp-report.pdf?x-r=pcfile_d.

3. Kellogg, R. (2008). Training writing skills: A cognitive developmental perspective. *Journal of Writing Research, 1*(1), pp.1–26. doi:10.17239/jowr-2008.01.01.1.

4. Applebee, A. N., Langer, J. A., Nystrand, M., & Gamoran, A. (2003). Discussion-based approaches to developing understanding: Classroom instruction and student performance in middle and high school English. *American Educational Research Journal, 40*(3), 685–730.

5. Graham, S., MacArthur, C. A., & Hebert, M. (2019). *Best Practices in Writing Instruction*. London: The Guilford Press.

6. Graham, S., & Rijlaarsdam, G. (2016). Writing education around the globe: Introduction and call for a new global analysis. *Reading and Writing, 29*, 781–792.

7. Dockrell, J. E., Marshall, C. R., & Wyse, D. (2016). Teachers' reported practices for teaching writing in England. *Reading and Writing, 29*, 409–434. doi:10.1007/s11145-015-9605-9.

8. Gilbert, J., & Graham, S. (2010). Teaching writing to elementary students in grades 4–6: A national survey. *The Elementary School Journal, 110*, 494–518.

9. Graham, S., & Hebert, M. A. (2010). *Writing to read: Evidence for how writing can improve reading. A Carnegie Corporation Time to Act Report.* Washington, DC: Alliance for Excellent Education.

10. Muller, H. J. (1967). *The uses of English: Guidelines for the teaching of English from the Anglo-American Conference at Dartmouth College.* New York: Holt, Rinehart and Winston.

11. Elbow, P. (1981). *Writing with power: Techniques for mastering the writing process.* New York: Oxford University Press.

12. Brindle, M., Graham, S., Harris, K. R., & Hebert, M. (2012). Third and fourth grade teacher's classroom practices in writing: A national survey. *Reading and Writing, 29*(5).

13. Myhill, D., Jones, S., & Watson, A. (2012). Grammar matters: How teachers' grammatical knowledge impacts on the teaching of writing. *Teaching and Teacher Education, 36*, 77–91.

14. Peacock, C. (2019). *Teaching writing: A systematic approach.* Oxon: Routledge.

15. Halliday, M. A. K. (2003). Introduction: On the 'architecture' of human language. In Jonathan Webster (Ed.), *On language and linguistics.* (Volume 3 in the Collected Works of M. A. K. Halliday). London and New York: Continuum.

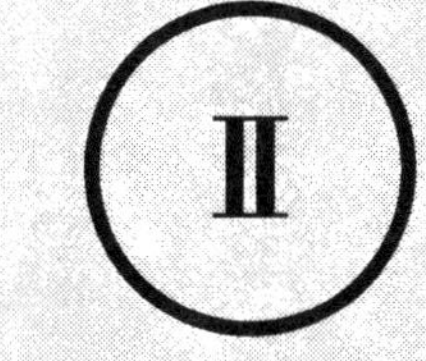

글쓰기의 역사

DOI: 10.4324/9781003179962-2

"과거를 잊으면 과거는 반복된다"라는 격언이 있다.[1] 지나간 글쓰기 역사에서 교사는 수많은 교훈을 얻었다. 때로는 과거의 글쓰기 지도 방식을 답습해 보는 것도 하나의 방법이 될 수 있다.

글쓰기의 역사는 '대략 2만 년 동안 인간의 삶에 존재했던 모든 사건을 아우르는 모험담'과 같다.[2] 실제로 글쓰기의 역사는 현대 문명의 역사와도 맞닿아 있다. 구어로 시작해 글로 기록되는 언어의 진화는 문명의 발전을 견인하는 동시에 그 성과를 기록하여 후대에 전할 수 있는 토대를 마련하였다.

알파벳 발명부터 종이의 사용, 인쇄기의 발명, 그리고 WWW(World Wide Web) 기술 개발에 이르기까지 현대 문명은 글로써 형태가 갖추어지고 표현되었다. 실제로 이집트, 로마, 그리스 등 위대한 고대 문명은 글쓰기의 위력을 보여주었다. 글쓰기의 역사는 우리가 잘 알고 있는 교육의 역사와도 서로 맞물려 있다. 오늘날 중등교육의 기원이 된 영국의 문법 학교에서는 그리스어, 라틴어 수사학, 문법 등을 가르쳤으며 이는 고전적 글쓰기 교육의 토대가 되었다. 고대 문명이 곧 학교 교육과 현대 작문 교육의 시초라 할 수 있다.

이뿐만 아니라 글쓰기 교육의 역사 속에서 발견되는 혁신적인 지도법들은 글쓰기를 배우는 학생들에 대한 교사의 우려가 오래전부터 지속되어 왔음을 방증한다. 영어학 전문가인 리처드 로이드 존스(Richard Lloyd-Jones) 교수는 고대 수메르 지역에서 발견된 약 4,000년 전의 점토판에도 아이들의 글쓰기 능력 저하를 걱정하는 교사의 기록이 남아 있다고 밝힌 바 있다.[3] 이처럼 학생들의 글쓰기 실력에 대한 교사들의 우려는 점토판의 세월만큼이나 유구한 역사를 지니고 있다.

점토판부터 반짝거리는 앱으로 가득 찬 태블릿에 이르기까지, 글쓰기의 오랜 역사 앞에서 다음과 같은 질문을 던져야 한다. 글쓰기 역사에서 우리는 무엇을 배웠는가? 글쓰기를 효과적으로 지도하기 위해 무엇을 계승하고, 무엇을 과감히 버려야 하는가?

수사학과 작문 교육의 기원

오늘날의 글쓰기 지도법은 고대 그리스 교실에서 시작되었다. 수메르, 이집트 등 위대한 고대 문명에서 글쓰기는 교육의 대상이었으며, 글쓰기 교실 역시 문명과 함께 발전을 거듭해 왔다. 우리가 사용하는 알파벳의 자음과 모음을 고안하고 체계화한 주역은 바로 고대 그리스인이었다. 이들이 대중에게 글쓰기를 지도하는 방법을 정립하면서 문맹 퇴치가 실현되었다. 이 지도법은 오늘날 우리에게 익숙한 글쓰기 교육으로 자리매김하게 되었다.

고대 아테네에서 글쓰기는 일상 그 자체였다. 메모, 쇼핑 목록, 가축과 농작물 기록은 물론이고 무덤이나 대형 조각상에 새겨진 신성한 비문에 이르기까지 다양한 형태로 존재했다. 기원전 8세기경 아테네에서 처음 사용된 글의 형식이자 가장 오래된 글쓰기 형태는 묘비명이었다. 무덤 앞에 세우는 묘비명은 후손에게 남기고 싶은, 고인의 삶을 요약한 간결한 문장들로 구성되었으며 누구나 읽기 쉽게 대문자로 새겨졌다. 이처럼 글쓰기는 가축 수를 세는 단순하고 실용적인 생활 도구에서 몇 마디 압축된 표현으로 슬픔을 달래는 언어 예술로 발전해 나갔다. 이때부터 글쓰기가 지닌 표현의 힘이 세상 밖으로 드러나기 시작한 것이다.

고대 그리스가 언어와 문해력의 가치를 인식하면서 학교 교육도 점차 제도화되고 보편화되었다. 그리고 학교가 생기면서부터 교육과정을 어떻게 설계해야 하는가에 관한 고민이 시작되었다. 고대 그리스의 아리스토텔레스(Aristotle)와 같은 저명한 사상가들이 수사학과 작문 교육의 초석을 마련했으며 이는 오늘날까지도 글쓰기 지도법에 지대한 영향을 미치고 있다.

아리스토텔레스는 논증 구조와 이야기 구조의 도식을 정립했으며, 글쓰기에서 문장과 단락을 응집성 있게 연결하는 '그래서', '그러므로', '이러한 이유로'와 같은 담화 표지의 사용을 장려하였다. 그는 수 세기 후에도 교사들이 글쓰기를 체계적으로 지도할 수 있는 교육적 기반을 마련하였다.

고대 로마로 시간 이동하기

위생 시설, 의학, 교육, 와인, 공공질서, 관개, 수로, 공중 보건 등 다양한 영역에서 유산을 남긴 로마인은 글쓰기 교육 역시 최고의 수준으로 발전시켰다. 그들은 기능 중심의 글쓰기 지도에서 창의적인 글쓰기 지도에 이르기까지, 글쓰기 교육 전반을 폭넓게 논의하였다. 이러한 접근의 글쓰기 교육은 오늘날의 교육 제도, 교수법, 그리고 효과적인 글쓰기 지도에 커다란 영향을 주고 있다.

역사적 기록을 들여다보면 글쓰기 교육의 역사 속에서 중요한 위상을 지닌 글쓰기 교사를 만날 수 있다. 그 교사는 바로 마르쿠스 파비우스 퀸틸리아누스(Marcus Fabius Quintilianus)이다. 퀸틸리안(Quintilian)이라는 이름으로 더 잘 알려진 그는 서기 35년경 스페인 북부 지방인 리오하(Rioja)에서 지내다가 로마로 건너가 수사학을 공부했다. 훗날 그는 황제들, 철학자들, 수많은 제자와 학부모로부터 칭송받았다. 또한 1416년 스위스의 한 고탑에서 발견된 『웅변술 입문(Institutio Oratoria)』이라는 열두 권의 책에는 그의 교육 철학과 지도법이 체계적으로 정리되어 있다. 지금까지도 전해지고 있는 이 책에는 '완벽한 웅변가'를 양성하기 위한 고전 수사 교육법이 담겨 있다.[4]

지난 몇 세기 동안 글쓰기는 로마에서부터 이어져 온 설득력 있고 효과적인 대중 연설을 위한 수단으로 활용되었다. 말하기와 글쓰기는 본래 상호보완적인 기능이지만 로마 제국에서는 오직 수사학만이 글쓰기 교육의 핵심이었다. 그는 "글쓰기를 통해 우리는 정확하게 말할 수 있고, 말하기를 통해 보다 쉽게 글을 쓸 수 있다[X. 7.29]"라는 말을 남겼다.

『웅변술 입문』에 제시된 글쓰기 교육과정은 그가 독자적으로 개발한 것이 아니다. 그리스인의 위대한 업적을 토대로 계승하고 발전시킨 결과물이었다. 퀸틸리안은 저명한 아리스토텔레스의 수사학 3요소를 바탕으로 논증적 글쓰기와 연설 지도법에 대한 아이디어를 얻었다(그림 2.1 참조).

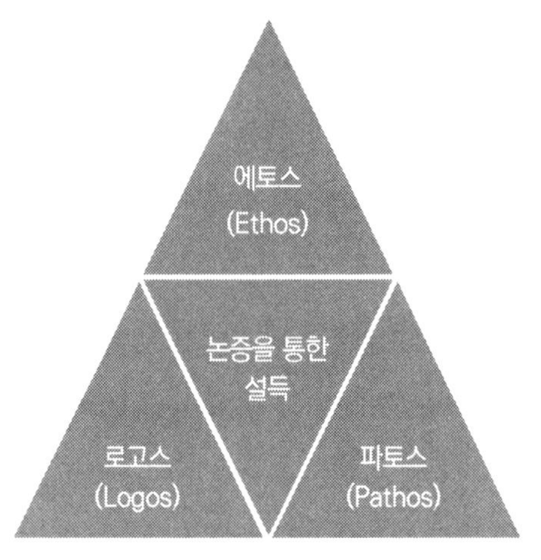

그림 2.1 아리스토텔레스의 수사학 삼각형

로고스(Logos) - 메시지의 논리성에 호소하는 설득 전략 예) 글쓰기 지도법이 2천 년이 넘도록 이어져 왔다면 그 가치는 입증된 것이나 다름없다.

에토스(Ethos) - 글쓴이의 성품에 호소하는 설득 전략 예) 20년이 넘도록 글쓰기를 가르쳐 온 필자는 퀸틸리안의 주장에 동의한다.

파토스(Pathos) – 독자의 감정과 신념에 호소하는 설득 전략 예) 4천 년 동안 많은 교사가 글쓰기를 지도하며 이와 같은 어려움을 겪었을 것이다.

퀸틸리안은 글쓰기의 명시적인 지도법으로 글쓰기 통합 모델을 제시했다. 그는 제자들이 글쓰기와 말하기의 과제나 상황에서 적절한 수사 전략을 선택할 수 있는 능력 또는 '역량(facilitas)'을 기르는 데 중점을 두었다. 퀸틸리안은 고전적 교육이 단순히 '암기 학습'에 불과하다는 우리의 선입견을 완전히 무너뜨렸다. 그는 글쓰기 수사 전략을 모범문도 없이 학습하는 방식을 두고 목적지도 모른 채 조타수도 없이 표류하고 있는 배와 같다고 묘사했을 정도로 선구적인 교육자였다. 대신 그는 글쓰기 전략을 맹목적으로 따르는 대신 유연하게 적용하는 태도를 강조했다.

퀸틸리안은 '모방'을 효과적인 글쓰기 지도의 핵심 요소로 보았다. 모방이 창조적 발명의 근원이라는 관점을 넓힌 것이다. 그는 "예술 작품에 있어서도 기존 작품의 모방이 적지 않다는 사실은 누구도 부인할 수 없다. 비록 발명이 최우선이고 마땅히 인정받아야 하지만, 성공적인 창작품을 모방하는 것 역시 유의미한 일이기 때문이다"[5]라는 말을 남겼다. 모방이라는 말이 결코 부정적인 행위가 아닌 글쓰기에 미숙한 학생이 능숙한 작가의 숙련도를 추구하며 그 경지에 도달하기 위한 정당한 길로 본 것이다. 이처럼 모방은 글쓰기에 미숙한 학생이 단계적으로 접근할 수 있는 실천 가능한 작은 단계를 제공하여 자신만의 독창적인 의미를 구성하는 글쓰기 지도 원리가 되었다.

오늘날 대중화된 '글쓰기 과정의 시범'이라는 지도 원리는 퀸틸리안에 의해 체계화되고 확립된 것이다. 그는 모범문을 읽고 번역하는 활동이 학생 글에서 요구되는 '적절한 단어, 구절, 수사적 표현'을 지도한다고 보았다.[6] 학생들은 당시에 그리스어를 라틴어로, 다시 라틴어를 그리스어로, 시를 산문으로, 산문을 시로 번역하는 훈련을 받았다. 또한 평범한 문체를 정교한 문체로, 장황한 문체를 간결한 문체로 바꾸는 연습도 했다. 그의 지도 방식에는 단어 놀이, 모범문을 따라 해 보는 모방 활동, 꾸준한 글쓰기 연습이 포함되어 있었다.

수십 년 동안 로마의 글쓰기 교사였던 퀸틸리안은 학생들의 글쓰기 문제나 지도 시 애로사항을 정확하게 알고 있었다. 그는 제자들의 글에서 "타락한 문체(corrupt style)", 즉 '유치한 경구, 터무니없는 표현, 제멋대로의 어법, 허황되고 과장된 표현, 진부한 상투어 남발, 지나치게 가벼운 수사적 표현' 등을 보았다고 지적했다.[7] 이로 볼 때 퀸틸리안이 20년 동안 글쓰기를 지도하면서 그의 제자들이 과장되고 허세 섞인 문체에 빠질 가능성에 대해 우려했다는 사실을 알 수 있다. 그는 이러한 글쓰기 방식을 "보라색 천 조각(purple patches)"이라고 묘사했다. 과도한 미사여구를 로마 황제의 색이자 과한 치장을 상징하는 보라색에 비유한 것이다.

2천 년이 지난 지금도 성공적인 글쓰기 요건과 글쓰기의 효과적인 지도 원리는 크게 달라지지 않았다. 따라서 선인의 지혜에서 오늘날 글쓰기 수업에 적용할 수 있는 지도 방법을 적극적으로 모색하고 배워야 한다.

로마인처럼 품격 있게 글쓰기

로마의 수사법은 2천 년이 넘는 시대를 초월한 언어 패턴으로, 오랜 세월 동안 말과 글이 사람들에게 각인될 수 있었던 이유를 알게 해준다. 정교하게 만들어진 단어를 반복해 독자의 마음을 울리는 기법부터 재치 있는 표현이나 어순 도치로 안정감 있게 진의를 전달하는 문장 구성 기법들이 수사법의 대표적인 예이다.

로마인과 퀸틸리안이 글쓰기 교육에 남긴 가장 큰 공헌은 명시적으로 지도하고 시범을 보이는 체계적인 지도 방식이었다. 문법, 필체, 맞춤법과 같은 글쓰기의 기초는 어린 학생이 배웠고 나이가 많은 학생은 수사학을 바탕으로 체계적인 글쓰기 훈련을 했다. 로마의 수사법은 오늘날까지도 글쓰기 교사들에게 유용하게 쓰이고 있다. 위대한 작가들의 표현 기법을 명명하고 분류하여 정립한 로마의 수사법은 퀸틸리안의 지혜에 견줄 만큼 글쓰기 교육의 유용한 자원이 되었다. 이는 학생들이 문체와 글쓰기 기술을 익히는 데 큰 도움이 되었다.

고대의 수사법을 능숙한 글쓰기의 척도로 여긴다면 이는 바람직하지 않다. 그 대신에 뛰어난 문장력을 기르는 명시적인 지도 방법으로 삼는 것은 도움이 된다(이에 대한 자세한 내용은 5장을 참고할 것). 수사법이 화려하고 거창해 보여도 실제로는 목적에 맞고 정교하게 짜인 문장 구조, 동어반복, 심상 등과 같은 표현법을 명명한 것에 불과하다. 만약 수사법의 가치와 기능에 대하여 회의적인 사람이 있다면 수사법이 글쓰기 역사 속에서 어떻게 일관되게 사용되었는지 살펴보면 수사법의 표현 효과를 이해할 수 있다.

교사는 학생들과 전사반복이나 운율 패턴과 같은 다양한 수사적 표현 중 하나를 선정하여 해당 수사법의 표현 효과를 탐구해 볼 수 있다.

수사법	정의	예시
전사반복 (Anadiplosis)	절이나 문장의 마지막 단어를 다음 구절이나 다음 문장의 첫 번째 단어로 반복해서 쓰는 것(끝이나 시작 표현을 반복)	'태초에 하나님이 천지를 창조하시니라. 천지를 창조하시니 땅이 혼돈하고 공허하더라.' - 창세기 '고귀한 소년은 예술가가 되었고, 그 예술가는 전설이 되었다. - 미켈란젤로에 대한 예술계의 평가
수구반복 (Anaphora)	절이나 문장의 시작 부분에서 특정 단어나 구를 반복해서 쓰는 것('시작…시작…시작' 반복)	'모든 이의 울부짖음 속에서 모든 아기의 두려움에 찬 절규 속에서…' - 런던(London), 윌리엄 블레이크(William Blake) '행복하고, 건강하고, 희망이 가득한 아이를 키우려면, 가족이 필요하고, 교사가 필요하고, 종교 지도자가 필요하고, 기업인이 필요하고, 지역 사회가 필요합니다. 그리고 건강과 안전을 지키는 사람들이 필요합니다. 모두가 필요합니다.' - 힐러리 클린턴(Hillary Clinton)[8]
결구반복 (Epistrophe)	문장이나 절마다 일련의 단어나 구를 반복하며 끝내는 것('…끝…끝…끝' 반복)	'…국민의, 국민에 의한, 국민을 위한 정부는 이 지구상에서 결코 사라지지 않습니다.' - 에이브러햄 링컨(Abraham Lincoln)[9] '상처를 치료할 시간이 왔다. 이제 우리를 갈라놓은 깊은 골을 다리로 이을 순간이 왔다.' - 넬슨 만델라(Nelson Mandela)[10]

접속사 생략 (Asyndeton)	강한 운율 패턴이지만, 접속사(그리고, 그러나 등과 같은)를 생략하는 방식(짧고 간명하며 접속사가 없는 문장)	'내가 왔노라, 내가 보았노라, 내가 이겼노라.' – 율리우스 카이사르(Julius Caesar) '침대, 의자, 탁자, 혹독하고, 덧없고, 가난한 삶' – 『늑대인간(The Werewolf)』, 앤절라 카터(Angela Carter)
접속사 반복 (Polysyndeton)	운율 효과를 높이기 위해 의도적으로 접속사를 반복함으로써 강한 운율 패턴을 형성하는 방식('그리고…그리고…그리고'와 같은 접속사가 반복되는 문장)	'백인들에게 돈과 권력과 인종차별과 빈정거림과 큰 집과 학교와 잔디밭과 융단과 책을 갖게 하라. 그리고 이러한 것들로 백인 우월주의를 허용하라.' – 『새장에 갇힌 새가 왜 노래하는지 나는 알고 있네(I Know Why the Caged Bird Sings)』, 마야 안젤루(Maya Angelou) '밧줄이 있어도 칼이 있어도 독이 있어도 불이 있어도 숨 막히는 물줄기가 있어도 나는 더 이상 견디지 않겠다.' – 『오셀로(Othello)』, 윌리엄 셰익스피어(William Shakespeare)

학생들이 수사학을 탐구하며 운율에 대한 민감성을 기르게 되면 광고나 정치 연설도 주의 깊게 수용할 수 있다. 또한 글에 나타난 운율과 미묘한 수사적 리듬을 더욱 잘 인식할 수 있다. 이를 위해서는 학생은 교사의 명시적인 지도에 따라 수사법을 모방해 보면서 글쓰기에서 수사법을 창의적으로 활용해 보아야 한다.

수사적 표현을 사용하려면 단어나 구의 반복뿐 아니라 문장 배열에서도 균형감을 갖추는 것이 중요하다. 다음 수사법들은 균형감을 갖춘 문장 구성 방법을 가르칠 때 활용하면 좋다.

수사법	정의	예시
삼항구 (Tricolon)	구조, 길이 또는 운율 면에서 나란히 일련의 세 단어, 구 또는 문장을 배열하는 구조적 표현법(세 문장의 힘)	'조 바이든은 치유자이며, 단결력이 있고 검증된 인물이며, 국민에게 안정적인 손길이 될 사람이다.' - 카멀라 해리스(Kamala Harris)[11] '나는 이야기꾼이기에 인간 마음의 선함과 윤리적 본성을 믿는 사람이고, 거짓에 대한 심리적 혐오감과 진리에 대한 탐구심을 믿는 사람이며, 아름다움이 지닌 위력을 믿는 사람이다.' - 토니 모리슨(Toni Morrison)[12]
열거법 (Eutrepismus)	논증을 명확하게 드러내기 위하여 절이나 문장에 번호를 매기거나 순서를 지정하여 정리하는 구조적 표현법('첫째, 둘째, 셋째'와 같은 표현을 사용한 문장)	'첫째, 세포가 분열하기 시작한다. 둘째, DNA가 복제되어 그 양이 두 배로 증가한다. 셋째…' - 생물학에서의 체세포 분열 과정에 대한 설명문 '먼저, 화이트소스를 가열하면 녹말 입자가 부풀어 오르고 부드러워진다. 그다음에는 녹말 입자가 부서지면서 아밀로오스를 방출된다.' - 식품영양학에서의 젤라틴화에 대한 설명문
대조법 (Antithesis)	한 문장 또는 두 문장 안에 서로 반대되는 두 개의 아이디어를 함께 배치하는 구조적 표현법('이것 대 저것' 문장)	'그것은 최고의 시절이자 최악의 시절이었다…' - 찰스 디킨스(Charles Dickens)의 『두 도시 이야기(A Tale of Two Cities)』 '바이킹은 사악한 전사로도, 세련된 선원과 상인으로도 묘사된다.' - 주요 2단계 역사 과목에서 바이킹에 대한 설명문
대구법 (Chiasmus)	두 개의 구 또는 절이 서로 교차하거나 대응을 이루며 균형과 대칭을 이루도록 하는 구조적 표현법('이것	'당신의 나라가 당신을 위해 무엇을 할 수 있는지 묻지 말고, 당신이 당신의 나라를 위해 무엇을 할 수 있는지를 물어보라.' - 존 F. 케네디(John F. Kennedy) '여자가 못생기면 멸시를 당하고, 예쁘면

	은 이렇고, 저것은 저렇다' 문장)	오히려 배신을 당한다.' -『여성에 관한 에세이(An Essay on Woman)』, 메리 리퍼(Mary Leapor)[13]
도치법 (Anastrophe)	문장의 전형적인 어순을 바꾸어 의도를 강조하는 구조적 표현법 (요다(Yoda) 문장)	'재능은 미카우버(Micawber)가 갖고 있다. 자본은 미카우버가 갖고 있지 않다.' - 찰스 디킨스(Charles Dickens) '한 마리의 제비가 온다고 해서 하루아침에 여름이 되지 않으며, 봄이 오지도 않는다.' - 아리스토텔레스(Aristotle)

이처럼 우리는 일상에서 한 번쯤은 들었을 법한 유명한 문장에서 감춰진 운율, 한번 들으면 절대 잊지 못하는 문장 구조, 그리고 자주 사용되는 문장의 뼈대를 만드는 표현법을 고대의 수사법에서 발견할 수 있다. 샘 리스(Sam Leith)는 로마의 수사학을 다음과 같이 인상적으로 묘사하였다.

> 수사학은 메마르고 편협하며 구시대적인 학문이 아니다. 오히려 수사학은 인간을 인간답게 만드는 모든 것을 옷자락에 품고 있는 살아 있는 학문이다. 수사학은 언어가 있는 모든 곳에 존재하고, 언어는 사람들이 있는 모든 곳에 존재한다.
>
> *『지금 나한테 말한 거야?, 아리스토텔레스에서 오바마까지의 수사학』, S. 리스(S. Leith)*[14]

정치 연설, 광고, 시, 서술형 또는 논술형 답안 작성에서 수사학의 역할은 크다.

영어 쓰기와 영어 지도

윌리엄 캑스턴(William Caxton)은 1479년에 인쇄기를 처음으로 영국에 들여왔다. 수년 동안 북유럽에서 직물 상인으로 일했던 그는 최초로 『트로이 역사 선집(The Recuyell of the Histories of Troye)』이라는 프랑스어 서적을 영어로 번역하여 책으로 출판하였다. 그가 웨스트민스터(Westminster) 사원에 인쇄기를 설치한 순간부터 라틴어는 오늘날 우리가 사용하는 영어로 바뀌었고 우리의 삶도 송두리째 바꾸어 놓았다.

윌리엄 캑스턴이 출판한 최초의 책은 돈이 많은 부자를 위한 책이었지만 머지않아 인쇄기가 보급되면서 일반인도 읽고 쓸 수 있게 되었다. 당시 구텐베르크(Gutenberg)가 인쇄한 성서의 가격은 영국 사무원의 약 3년 치 평균 임금 정도였지만 수도사들이 정성껏 필사한 책보다는 훨씬 저렴했다. 이후 인쇄술이 발전하면서 인쇄 속도 역시 급속도로 빨라졌고 이와 동시에 책값은 급격히 떨어지면서 글쓰기는 점차 대중화되었다.

인쇄기의 등장은 맞춤법과 구두점의 표준화를 이끌었다. 리처드 멀캐스터(Richard Mulcaster) 교장은 『초등교육(Elementarie)』이라는 저서에서 "외국인들은 글자와 발음이 일치하지 않고 표기 규칙이 일관되지 않는 영어를 신기해한다"라고 말했다. 인쇄술이 대중화되기 전까지만 해도 구두점은 개인 선택의 문제였을 뿐, 글쓰기에서 반드시 준수해야만 하는 규범은 아니었다. '구두점(punctuation)'이라는 단어는 1539년에 옥스포드 영어사전(Oxford English Dictionary)에서 처음으로 등재되었다.

인쇄기의 등장은 소수만이 읽던 전통적인 읽기 방식에서 다수가 책을 읽는 현대적인 읽기 방식으로 전환되는 데 중요한 역할을 했다. 또 구두점을 사용하여 글의 의미를 명확하게 전달하고 내용을 체계적으로 드러낼 수 있었다. 구두점은 연설자가 어디에서 끊어 읽어야 하는지를 알려주는 단순한 표식 그 이상의 기능을 했다. 이러한 구두점의 기능은 수 세기 동안 계속되었으며 글쓰기 지도법에도 영향을 끼쳤다.

캑스턴의 인쇄기가 전국적으로 보급되면서 구두점 체계도 전면적으로 바뀌었다. 베네치아 출판업자인 알두스 마누티우스(Aldus Manutius, 1449~1515)는 마침표와 콜론(colon)을 표준화했고, 세계 최초로 세미콜론(semi-colon)을 사용했으며, 이탤릭체(italics)를 고안하기도 했다. 또한 그는 캑스턴이 다양한 방식으로 사용했던 슬래시(slash)를 오늘날 우리가 알고 있는 콤마(comma) 형태로 바꾸는 데 기여했다. 그로 인해 지난 수 세기 동안 교사들이 콤마의 용법을 가르치느라 애쓰는 상황도 발생했다.

현재 글쓰기는 연설의 보조 수단이 아닌 그 자체로 하나의 언어 예술이 되었다. 문장 부호 역사를 살펴보면 구두점은 연설자가 연설 도중 잠시 끊어 읽는 지점을 표시하는 역할을 했다. 콤마, 세미콜론, 콜론, 마침표 모두 휴지와 강세를 나타내는 역할을 한 것이다. 오늘날 학생들에게 연설할 때 짧게 끊어 읽는 지점에 콤마를 넣으라고 하면 적잖이 당황하겠지만, 불과 몇백 년 전까지만 해도 교사의 이러한 설명은 충분히 설득력이 있었다.

영어의 대대적인 표준화 작업이 시작되면서부터 전 세계 작가들은 문장 부호와 문법을 제대로 익혀야 했다. 이처럼 영어의 표준화는 몇몇 선구적인 인쇄업자들의 움직임으로 시작되었다.

한편, 읽기와 쓰기가 점차 보편화되면서 새로운 쓰기 규범이 등장했다. 청소년을 둘러싼 글쓰기 교육의 요구는 문해력의 대중화와 맞물려 있었다. 영국의 르네상스 시대였던 16세기는 고대 그리스와 로마 문화를 '부흥' 시키려는 움직임이 일었다. 이로써 새롭게 부상한 교육 제도가 고대 로마로부터 대부분 이어져 왔다는 사실은 충분히 예상할 수 있는 일이었다. 또 영국에 '문법 학교(grammar schools)'[15]가 세워지면 퀸틸리안이 16세기 이전에 도입했던 교육 제도를 재도입하게 되었다.

1509년에 설립된 런던의 세인트 폴(St Paul) 학교는 교육과정이 라틴어와 그리스어로 구성되어 있었으며 수사학과 작문 교육이 핵심이었다. 학생들은 퀸틸리안의 철학에 기반한 수업을 받았으며, 종교 교육도 상당한 비중을 차지했다. 학생들은 라틴어에서 영어로, 영어에서 라틴어로 번역하는 활동을 꾸준히 연습하면서 사실상 이중 언어 교육(bilingual education)을 받은 것이나 다름없었다.

세인트 폴 학교를 설립하고 교사 선발에도 관여했던 위대한 르네상스 사상가 에라스무스(Erasmus)는 퀸틸리안의 글쓰기 교육이 글쓰기 규범성과 창의성을 길러주는 교육일 것이라고 기대했다. 그러나 실제 교육 현장에서는 문법 규칙만을 반복 학습하는 편협한 지도 방식에 불과했다.

영국 학생들은 야망이 컸던 신진 작가 윌리엄 셰익스피어(William Shakespeare)처럼 라틴어 '트리비움(Trivium)'에 기초한 교육과정을 이수했을 것이다. 또 그 교육과정에는 문법, 논리학, 수사학이 포함되어 있었기 때문에 고대 그리스와 로마 학생들도 익숙하게 받아들였을 것이다. 이 외에도 편지, 시, 연설문 등의 글쓰기 활동도 포함되었을 것이다. 이처럼, 작문 교육과 수사학은 학교 교육과정의 부수적인 활동이 아닌 핵심적인 활동이었으며 학교 교육과정 그 자체였다.

당시에는 로마인들의 기대가 컸던 글쓰기 교육은 연설과 깊은 관련이 있었기 때문에 독자의 반응에 주목했다. 문법 수업에서는 청중이나 독자에게 메시지가 잘 전달되도록 문장을 다듬고 배열하는 연습이 주를 이루었다.

셰익스피어와 그의 동료들은 퀸틸리안과 고대 로마에서 유래한 프로짐나스마타(Progymnasmata)와 같은 훈련을 받았을 것이다. 이 14단계의 글쓰기 훈련법은 이솝(Aesop) 우화 『토끼와 거북이(Hare and the Tortoise)』를 모범문으로 삼아 글쓰기 연습을 하기도 했다. 학생들은 이 우화를 모방하여 쓰고, 요약하고, 내용을 확장하고, 거기서 나온 문장을 변형해 보고, 유사한 격언을 만들어 보고, 자신의 글과 비교하고, 토론하고, 자신이 쓴 글을 낭독하는 등 다양한 활동을 수행했을 것이다.

모방, 변형, 창작 활동이 주를 이루던 글쓰기 교육에 문법 교육이 더해지면서 한층 보완되었다. 시간이 지나면서 글쓰기 교재에 글을 쓸 때

지켜야 할 맞춤법 규정을 담았으며 이때부터 '틀린 영어(false English)'를 고치는 활동은 글쓰기 수업의 필수 요소가 되었다. 일부 문법 학교에서는 에토스(ethos), 로고스(logos), 파토스(pathos) 전략을 중심으로 글쓰기를 지도하기도 했다. 비록 시간은 오래 걸리더라도 체계적인 문장 분석, 즉 단어 하나하나를 품사별로 분석하는 연습에 집중했던 학교도 있었다.

오늘날 글쓰기 교육에서도 볼 수 있듯이, 당시에도 '투박한 표현(rustic writing)'에 대한 비판적인 시각들은 적지 않았다. 이는 효과적인 글쓰기 지도법을 모색하는 과정에서 자연스럽게 등장하였다. 이는 현재의 글쓰기 교육과정이 고대 로마에서 출발하여 오랜 세월 동안 점진적으로 발전하고 시대에 맞게 변모해 왔다는 사실을 시사한다.

인터넷 기술이 글쓰기에 미친 영향

언어의 본질은 계속해서 변한다. 학교가 16세기에 처음 등장한 이후 글쓰기 교육은 서서히 변모해 왔으며, 최근에는 기술 발전이 글쓰기 방식에 급격한 변화를 가져왔다.

언어의 변화는 문장 길이라는 단순한 기준을 통해서도 확인할 수 있다. 다소 논란의 여지는 있겠지만, 구두점을 즐겨 사용했던 17세기로 거슬러 올라가 보면(당시에는 콤마와 세미콜론을 즐겨 사용했다), 한 문장에는 약 45개 단어가 포함되어 있었다. 19세기에 와서는 한 문장 내의 단어 수가 30개 단어로 줄어 들었고, 오늘날은 약 20개 단어까지 줄었다.[16] 이렇게 문장과 문체가 단순해진 데에는 누구나 쉽게 읽을 수 있는 글, 즉 '백색 공간(white space)'이 가독성에 도움을 줄 뿐 아니라 여백에 대한 독자의 요구와 기대가 작용한 것으로 볼 수 있다. 백색 공간은 특히 디지털 화면에서 글을 읽을 때 중요한 역할을 한다. 온라인에서 읽는 수많은 신문 기사가 단문과 짧은 단락으로 구성되어 있다는 점을 생각해 보면 된다.

일상 언어의 리듬을 닮은 짧은 문장을 선호하는 경향은 현대에 이르러 구두점 최소화(punctuation minimalism) 현상과 함께 나타났다. 물론 이러한 변화를 인터넷의 영향으로만 볼 수는 없다. 1906년에 H. W. 파울러(H. W. Fowler)는 『정통 영어(The King's English)』에서 하이픈과 콤마는 가급적 적게 사용하는 것이 바람직하다고 했다.

1940년대 미국인 루돌프 플래시(Rudolf Flesch)는 '이독성(reading ease)'을 측정 가능한 지표로 제안했다. 이후 이독성 공식(readability formulas)이 대중화되었으며, 약 17개 단어 이하의 짧은 문장을 이상적인 문장으로 간주했다. 21세기 초반에는 웹(World Wide Web)상의 글쓰기에서 간결한 표현이 글쓰기의 관습으로 자리 잡았다. 교실에서의 글쓰기 방식도 인터넷 기술의 발전을 따랐다.

인터넷 기술의 발전은 유용한 글쓰기 도구인 워드 프로세서(word processing tools)를 탄생시켰다. 맞춤법과 문법 검사기가 대중화되었고 학생 개개인의 컴퓨터 안에 설치되었다. 그러나 글쓰기에 관한 초기 연구에서는 예상대로 학생들이 맞춤법 검사 소프트웨어를 사용하지 않고 글을 쓸 때 오히려 맞춤법과 문법의 정확도가 더 높다는 사실을 보여 주었다.[17] 이러한 연구 결과는 학생들이 '아무 때나 구글(Google)을 검색하면 돼' 또는 '빨간색 밑줄이 맞춤법이나 문법 오류를 자동으로 알려주겠지'라는 생각에 의존하여 글을 쓰다 보면, 자연스럽게 능동적으로 사고하며 글쓰기 능력도 저하될 수 있음을 증명해 보였다.

언어의 변화는 역동적이며 살아 있는 생물과 같다. 학생들은 WhatsApp에서와 교실에서의 학문적 글쓰기 평가 간의 글쓰기 방식의 차이를 알고 있어야 한다. 만약 학문적 글쓰기에서 문장 부호와 맞춤법을 틀리거나 줄임말이 많은 온라인상의 가벼운 문체를 사용했다면 그것은 반드시 필자의 의도적인 선택이어야 한다.

연구 결과에 따르면, 학생들은 글을 쓰면서 글쓰기 규범을 준수하지 않는다는 결과가 보고 되었다.[18] 이와 같은 현상의 원인을 인터넷의 영향으로만 돌리기는 어렵다. 실제로 수많은 웹사이트는 학문적 언어의 규범을 준수하고 있으며, 짧은 문장으로 쓰는 관습은 오히려 정교하고 세련되게 표현되어 있다. 수 세기 전부터 글쓰기 방식에 유연하고 형식을 따르지 않는 접근법은 존재했으나, 이는 18세기와 19세기의 문법 학자들이 내세운 엄격한 글쓰기 형식에 대한 반작용으로 볼 수 있다.

기술의 발달은 글쓰기 방식 전반에 걸쳐 변화를 초래하였다. 인터넷은 오늘날 전 세계의 도서관보다 더 많은 글을 보유하고 있으며, 학생 대부분은 인터넷 공간에서 문자로 소통한다. 인터넷 시대가 도래할수록 필체, 맞춤법, 문법의 모습은 바뀌고 있다. 그리고 갈수록 어떻게 바

뀔지도 궁금하다. 음성 인식 기반 텍스트 변환 기술(speech-to-text technology)은 학교 글쓰기에 어떤 영향을 미칠까? AI는 글쓰기 교육의 지형을 어떻게 바꿔 놓을까? 우리는 여전히 교육적 통찰에 기초하여 글쓰기의 미래를 예측만 할 수 있을 뿐이다. 결국 우리는 디지털 기술에 계속 적응해 갈 것이며 이에 따라 글쓰기 방식도 유연하게 바뀔 것이다.

글쓰기 역사에서 변하지 않는 진리는 글쓰기가 우리 삶에서 절대적으로 중요하다는 사실이다. 엄지손가락으로 문자를 보내든, 정성껏 손 글씨로 글을 쓰든, 일상생활, 직장, 교실 어디에서든 글쓰기는 다양한 형태로 인간의 삶에서 필수적인 활동이다.

요약

- 글쓰기와 글쓰기 교육은 고대 그리스와 로마 문명에서부터 체계적으로 발전해 왔다. 세상을 바꾼 로마 수사학은 능숙하고 세련된 글쓰기의 토대를 마련했다.
- 최초의 위대한 글쓰기 교사인 퀸틸리안은 독특하고 현대적인 언어 감각을 지닌 인물이었다. 그는 글쓰기 교육에 있어서 체계적 지도 원리의 필요성을 인식했으며 글쓰기 지도법을 마련하였다. 글쓰기 교육에서 모방과 시범 보이기의 중요성을 강조하였으며, "보라색 천 조각"과 같은 과도한 수사적 표현 사용의 위험성에 대해서는 우려했다.
- 문법 학교는 그 이름에 걸맞게 글쓰기 교육을 중심으로 운영되었다. 고대 로마의 수사학 훈련이 교육과정의 핵심이었으며 글쓰기에서 '투박한 표현(rustic writing)'을 없애기 위해 보다 엄격하게 문법 규범을 지도하였다.
- 오늘날 인터넷과 기술의 접근성이 높아지면서 글쓰기 방식도 변하고 있다. 늘 그렇듯이, 매체를 활용한 글쓰기를 통해 얻는 것과 잃는 것을 면밀하게 따져볼 필요가 있다.

주석

1. Santayana, G. (1905). *The life of reason.* Cambridge: MIT Press.

2. Gaur, A. (1984). *A history of writing.* London: British Library.

3. Lloyd-Jones, R. (1976). Is writing worse nowadays? University of Iowa Spectator. April 1976. Quoted by Daniels, H. (1983). *Famous last words: The American language crisis revisited.* Carbondale, IL: Southern Illinois University Press. p. 33.

4. Murphy, J. L., & Wiese, C. (2015). *Quintilian on the teaching of speaking and writing: Translations from Book One, Two, and Ten of the* Institutio Oratoria (Landmarks in Rhetoric and Public Address). Carbondale: Southern Illinois University.

5. Quintilian, Eds. Murphy, J. J., & Wiese, C. (1987). *On the teaching of speaking and writing: Translations from Book One, Two and Ten of the Institutio Oratoria (Second Edition).* Carbondale: Southern Illinois University Press.

6. 위의 책.

7. Quintilian (1985). *Institutio Oratoria, Book 12.* Harold Edgeworth Butler, Ed. 출처: www.perseus.tufts.edu/hopper/text?doc=Quint.%20Inst.%2012.10&lang=original.

8. Clinton, H. (1996). Democratic National Convention speech. 출처: www.americanrhetoric.com/speeches/hillaryclintontakesavillage.htm.

9. Lincoln, A. (1863). The Gettysburg Address. 출처: www.abrahamlincolnonline.org/lincoln/speeches/gettys burg.htm.

10. Mandela, N. (1994). Inaugural speech. 출처: www.essence.com/news/read-nelson-mandelas-groundbreaking-inaugural-speech/.

11. Harris, H. (2020). Vice President victory speech. 출처: www.independent.co.uk/news/world/americas/us-election-2020/kamala-harris-speech-transcript-full-read-b1687603.html.

12. Morrison, T. (2004). Commencement Address to Wellesley College Class of 2004. 출처: www.wellesley.edu/events/commencement/archives/2004commencement/commencementaddress.

13. Blain, V. et al. (1990). *The feminist companion to literature in English.* New Haven and London: Yale UP. 출처: https://en.wikipedia.org/wiki/Mary_Leapor#cite_note- Feminist-5.

14. Leith, S. (2011). *You talkin' to me? Rhetoric from Aristotle to Obama.* London: Profile Books Ltd.

15. 16세기의 '문법 학교'는 지금의 학교 개념보다 광의의 의미를 지닌다. 이는 현대적 의미의 문법 학교와 달리 로마의 교육과정을 계승하고 운영하는 데에 중점을 둔 특수한 교육 기관이었다.

16. Moran, J. (2018). *First you write a sentence.* London: Penguin Books.

17. Galletta, D. F., Durcikova, A., Everard, A., & Jones, B. M. (2005). Does spell- checking software need a warning label? *Communications of the ACM, 48,* 82–86.

18. Constantinou, F., & Chambers, L. (2020). Non-standard English in UK students' writing over time, *Language and Education.* doi:10.1080/09500782.2019.1702996.

글쓰기, 단순하지 않은 과학

DOI: 10.4324/9781003179962-3

만약 당신이 유치원을 방문한다면, 반드시 아이들의 동화방(story corner)을 둘러보기를 바란다.

노스요크셔 해안(the North Yorkshire coast)의 스카버러(Scarborough)에 있는 지역 아동 돌봄센터 유치원(Childhaven Community Nursery School)에는 동화방이 있다. 이 특별한 공간에는 '상상력을 자극하는 단어(wonderful words)'들이 별 장식과 함께 벽에 붙어 있고 붉은 커튼 앞에는 '문제 상황(problem)', '해결책(solution)', '배경(setting)', '등장인물(character)'이라는 단어가 적힌 작은 바구니들이 놓여 있다. 이 바구니 속에는 아이들의 상상력을 유발하는 물건들이 담겨있다. 그리고 그 옆에는 아이들이 이야기를 함께 창의적으로 만들 수 있도록 검은색 큰 상자인 '이야기 툴킷(Tales Toolkit)'이 놓여 있다. 이 방을 지나다가 운이 좋으면, 직접 만든 이야기를 만들어 실감 나게 들려주는 아이들의 모습도 볼 수 있다.

서너 살 어린아이들이 자신만의 상상력으로 동화를 지어내고, 글감을 자유롭게 선택해 이야기를 만드는 모습을 눈앞에서 막상 보면 신기할 것이다. 아이들이 이야기를 만드는 과정에 쉽게 몰입하는 모습을 보면,[1] 글쓰기도 말하기처럼 자연스럽게 계발되는 능력이라고 여기기 쉽다. 동화방에서는 아이들이 글감을 선택하고, 이야기 뼈대를 만들고, 이야기 흐름이 자연스러운지 점검하고 수정하며 이야기를 만드는 모습을[2] 흔히 볼 수 있기 때문이다. 이 장면은 아이들이 적절한 지원과 지도를 받으면 글쓰기라는 예술적 행위에 동참할 수 있음을 시사한다.

교사의 글쓰기 지도 방향은 글쓰기 능력의 발달 단계를 고려하여 설정된다. 손 글씨와 문장 만들기를 대신할 교구인 '이야기 툴킷'을 활용하면 아이들은 상상력을 발휘해 목적에 맞게 이야기를 구성하고, 자신의 생각을 말로 표현할 수 있게 된다. 예컨대 "이 이야기의 주인공은 누구일까? 이야기의 배경은 어디이며, 그곳에는 무엇이 있을까?"와 같은 질문을 통해 아이들은 이야기의 기본 구조를 만들 수 있다. 입문기 단계의 아이들은 어려운 손 글씨 기능이 숙달되면 자신의 이야기를 더욱 창의적으로 만들 수 있다.

단편적인 이야기부터 A레벨 에세이에 이르기까지, 학교에서 수행하는 글쓰기 과제는 학년이 올라갈수록 고난도의 쓰기 기술이 요구된다.[3] 이야기 쓰기는 아이들의 마법 같은 창의성이 필요하지만, 글쓰기 과제가 복잡해지면 학생들은 생각을 정리하고 글로 유창하게 표현하지 못하면 글쓰기에 어려움을 겪는다. 예를 들어 5학년 학생이 지역 환경 보호에 대한 균형 잡힌 논증문을 작성하기 위해서는 글자 쓰기, 손 글씨, 맞춤법, 문장 구조뿐 아니라 내용의 통일성, 예상 독자 고려, 적절한 근거 자료의 활용, 지역 사회에 대한 충분한 배경지식, 쓰기 목적과 목표에 부합하는 글 구성 등 다양한 지식과 기능을 동시에 총동

원해야 한다.

이처럼 글쓰기 과제를 수행하는 일은 어렵기 때문에 누구든 글쓰기 과제를 완수했을 때 엄청난 성취감을 느낄 수밖에 없다. 글쓰기는 상당한 인지적 노력이 요구되므로 학생들은 글을 충분히 검토하고 수정하기보다는 단어를 대충 바꾸거나 기계적으로 교정하는 수준에 그치는 경우가 많다.[4]

그러므로 글쓰기는 창의적인 언어 예술이자 과학적 행위라는 관점에서 접근해야 한다. 글쓰기에 능숙한 학생의 글쓰기 모습을 관찰해보면 글을 쓰기 전에 먼저 계획을 세우고 아이디어를 생성한 뒤에 문장을 유창하게 써 내려간다. 반면, 글쓰기에 미숙한 학생은 도중에 자꾸 멈추며 글의 형식적 요소에 집중하는 경향이 있다.[5] 겉으로 보기에는 글을 거침없이 쭉 써 내려가는 듯 보이지만, 머릿속으로는 여섯 개나 일곱 개의 단어를 쓴 뒤 잠시 멈추어 작성한 내용을 점검하고 다시 써 내려간다.[6] 이들은 짧은 순간에도 수많은 것을 떠올려야 하므로 글쓰기 과정에서 압박감을 느끼는 경우가 많다. 그래서 그들이 글쓰기를 도중에 멈추거나 아예 포기해 버리는 것이다. 따라서 교사의 전문적인 지원은 글쓰기 과정의 모든 단계에서 필요하다.

교사가 글쓰기 과정을 세심하게 지원하고 효과적으로 지도하기 위해서는 이 중요한 수업을 이끌어 줄 수 있는 글쓰기의 단순 관점 모델을 살펴보면 도움이 된다(그림 3.1 참조). 이 모델은 이름처럼 단순하지는 않지만, 글쓰기에 대한 과학적 관점과 연구를 바탕으로 구성된 것이므로 실제 교육 현장에 유용하게 활용될 수 있다.

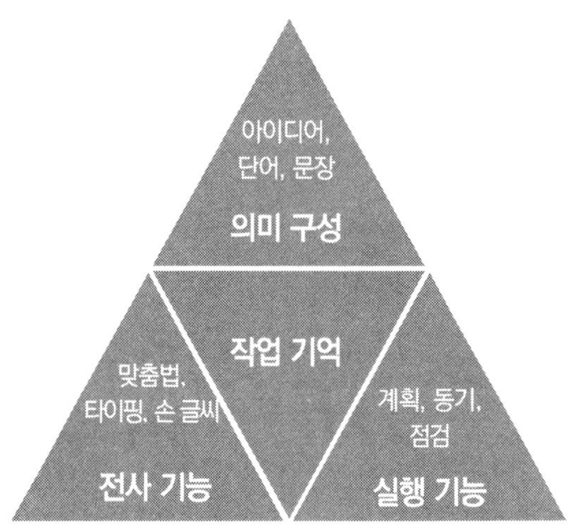

그림 3.1. 글쓰기의 단순 관점 모델

출처: 버닝거 외(Berninger et al.) 연구진이 개발한 모형과 「중등학교의 문해력 향상 지침 보고서(Improving Literacy in Secondary Schools)」[7]에서 제시된 모형을 바탕으로 재구성함.

이 모델을 고안한 연구자들은 교사라면 누구나 다 알고 있는 사실을 인식하고 있었다. 즉 글쓰기를 성공적으로 수행하려면, 전사 기능(transcription)의 기본 기능인 맞춤법, 타이핑, 손 글씨를 유창하게 할 수 있어야 한다는 점이다. 이들은 또 글쓰기 행위(written composition)를 '글의 유형, 문상 구소, 어휘 등 방대한 지식을 활용하여 글의 의미를 창조적으로 구성하는 행위'라고 정의했다. 아울러 이 모델의 실행 기능(executive function)을 강조하였다. 실행 기능은 글쓰기와 같은 복잡한 과제를 수행할 때 계획을 세우고, 동기를 부여하며 목표를 끝까지 달성하도록 돕는 인지적 과정을 조절하는 역할을 한다.[8]

글쓰기의 하위 기능을 이상과 같은 세 가지 요소로 설명하면 교사와 학생 모두에게 교육적 이점이 있다. 물론 글쓰기는 글쓰기 과정에 몰입하여 수행하는 경험 자체도 중요하다. 하지만, 학생들이 유치원의 동화방에서부터 GCSE 시험 준비에 이르기까지 긴 글쓰기 여정을 성공적으로 완수하도록 돕기 위해서는 의미 구성, 전사, 실행 기능과 같은 하위 기능들을 명시적으로 지도하는 일이 더욱 중요하다.

손 글씨에 대한 고민

> 손 글씨 속도가 느리면 생각의 흐름을 방해한다. 또한 기초 문식력을 갖추지 않은 상태로 서툰 글씨로 쓴 글은 해독조차 어렵다.
>
> *『웅변술 입문(Institutio Oratoria)』, 퀸틸리안(Quintilian)*

코로나 바이러스로 인한 학교 봉쇄는 학생과 교사 모두에게 새로운 경험이었다. 부모로서 두 아이의 가정 학습을 지켜보고 지도하면서 색다른 기쁨을 느꼈다. 첫 봉쇄가 있었던 당시에는 아들 노아(Noah)가 4학년이었기에 글쓰기 발달의 중요한 시기였다. 당시에 노아는 글쓰기 연습에 집중하지 못하고 있었다. 사실 이렇게 말하는 것조차 소극적인 표현일지 모른다. 사실 노아는 쓰기 기능 중 전사하기 기능이 숙달되지 않아 쓰기 발달에 걸림돌이 되고 있었기 때문이다.

몇 달이 넘도록 등교하지 못하면서, 노아는 매일 컴퓨터로 타이핑을 연습하다 보니 자연스럽게 타이핑 실력이 향상되었다. 그에 반해 손 글씨(handwriting) 실력은 현저히 떨어졌다. 그렇다면 이 시점에서 왜 손 글씨 문제가 그토록 중요한지 생각해 보아야 한다. 어쩌면 노아가 앞으로 디지털 환경에서 살아간다는 점을 고려할 때 타이핑 기술을 연마하는 게 더 효율적이라고 생각하는 사람도 있을 것이다.

그러나 글쓰기의 단순 관점 모델을 개발한 연구자들은 손 글씨가 모든 쓰기 발달의 기초가 되는 매우 중요한 기술이라고 분명히 강조하고 있다. 실제로 손 글씨 능력은 의식적인 노력 없이, 가독성 있게 문장을 유창하게 쓸 수 있을 정도로 숙달되어야 한다. 그래서 손 글씨 기능은 아동이 쓴 문장의 길이와 질을 예측할 수 있는 지표가 될 수 있다.[9]

종이에 직접 글자를 쓰는 손 글씨는 타이핑에 비해 글쓰기를 배우는 학생과 성인 학습자 모두에게 이점이 있다는 명백한 증거가 있다.[10] 실제로 대학을 졸업한 사람 중에도 쓰기 유창성 기능이 숙달되지 않아 글쓰기에 어려움을 겪는 경우가 많다.[11] 노아도 손 글씨 지구력(handwriting stamina)이 약해서 손 글씨 속도가 생각의 속도를 따라가지 못해 글쓰기 능력이 저하되기도 했다. 특히 손 글씨로 글을 써야 할 때는 노아의 생각이 문자로 정확하게 표현되지 못하므로 자신의 의도가 정확히 전달되지 못했다.[12]

아이들이 글쓰기 단계에 필요한 적절한 단어 선택과 내용 생성이 숙달되지 않으면 글쓰기 발달이 지연될 수밖에 없다. 이때는 아이들이 쓰기 유창성과 맞춤법 실력을 갖출 수 있도록 지원해 주어야 한다.

다행히 노아는 손 글씨 지구력을 끌어올리는 데 그리 오래 걸리지 않았다. 노아는 5분, 10분의 시간제한을 두면서 '빠르게 글자 쓰기 연습(writing sprints)'을 반복하며 쓰기 유창성을 키웠다. 이 과정에서 적절한 속도로 가독성 있게 쓰는 것이 중요했다. 노아에게는 기준선보다 획을 아래로 내려써야 하는 '하강 글자(descenders)'인 p, q, j와 같은 글자를 쓸 때 기준선 아래로 정확하게 내려쓸 수 있도록 알려주는 피드백이 필요했다(그림 3.2 참조). 또한 그는 b, d, h와 같은 '상승 글자(descenders)'도 일정한 모양으로 쓰지 못했다.

그림 3.2 영어 서체 높이[13]

문제는 노아가 글씨의 가독성을 높이는 데 주력하기보다는 글자를 이어 쓰는 필기체 스타일로 쓰는 데 신경을 쓴다는 점이었다. 그래서 노아에게는 글자를 연달아 이어 쓰는 필기체(cursive style)와 한 글자씩 또박또박 쓰는 인쇄체(print)를 적절히 혼합한 서체를 쓰는 연습이 더 도움이 되었다. 노아는 글자 하나하나에 조금만 더 주의를 기울여 썼을 뿐인데도 글씨가 눈에 띄게 개선되었다.

학생들의 손 글씨 발달에 있어서 필기체와 인쇄체 중 어느 방식으로 쓰는 게 더 유리한지, 혹은 이 둘을 혼합한 방식으로 쓰는 게 나은

지에 대한 논쟁은 여전히 현재 진행형이다. 사실 필기체가 널리 사용되고는 있지만 필기체가 인쇄체보다 손 글씨 발달에 더 효과적이라는 실증적 증거는 없다. 필기체를 사용하는 학생이 쓰기 유창성이 높다는 주장 역시 입증되지 않았다.

미국에서 초등학생과 중학생 600명이 쓴 손 글씨를 비교한 연구에 따르면, 두 집단의 쓰기 유창성이나 손 글씨 가독성은 통계적으로 유의미한 차이가 없다.[14] 실제로 전체 학생의 40%는 글씨를 빠르게 쓰고 있었으며, 이들은 필기체와 인쇄체를 같이 쓰고 있었다. 이처럼 많은 학생이 글씨 속도를 중시하는 만큼, 교사가 손 글씨를 지도할 때 글씨의 속도와 유창성을 강조하되, 가독성과 글자 모양을 소홀히 지도하지 않도록 주의해야 한다. '빠르게 글자 쓰기 연습'을 신중하게 지도하지 않으면, 학생이 쓴 글자를 알아보지 못할 수도 있기 때문이다.[15]

노아에게 정기적인 쓰기 유창성 연습과 초점화된 피드백을 제공하자, 그는 글자를 쓸 때 의식적으로 주의를 기울였다. 당시 다음과 같은 질문은 노아가 자신의 글씨를 점검하고 개선하는 데 많은 도움이 되었다.

- 자신이 쓴 글씨를 어떻게 평가하나요?
- 가장 잘 썼다고 생각하는 단어에 동그라미를 표시해 볼까요?
- 다시 쓰고 싶은 글씨가 있나요?
- 글씨의 크기가 적절한가요? 위와 아래 길이가 같은가요?
- 글씨의 필순은 어떻게 되나요?
- 또박또박 잘 쓴 글씨는 무엇인가요?

학생의 공책에 몇 주 동안 연습한 손 글씨 흔적을 보았다면, 이를 교사가 관찰하고 누가기록(running record)을 하면 쓰기 지도에 도움이 된다. 또한 이때 글씨체, 맞춤법, 단어 선택, 문장 구성 등 글쓰기 기능을 지도할 때 자기 점검 및 평가 활동까지 통합 지도해도 좋다.[16]

쓰기 유창성에 대한 교사의 초점화된 중재와 지도는 학생들이 글쓰기 과정에서 작업 기억을 활용해야 할 때 인지적 부담을 줄여줌으로써 글쓰기라는 복잡한 퍼즐을 맞추는 데 더욱 몰입하게 한다.[17] 학생 중에는 자신의 '엉망인 글씨체(ugly handwriting)' 때문에 글쓰기 자체를 아예 포기해 버리는 경우도 적지 않는데 이러한 편견을 없애는 것 역시 교사의 중재 지도가 도움이 된다.[18]

손 글씨를 잘 쓰는 능력은 남녀노소 누구든지 갖출 수 있다. 실제로 손 글씨 기능은 청소년기까지 계속 발달한다.[19] 아이들에게 단순히 '손 글씨 상장'을 나눠주는 것으로는 교육적 효과를 크게 기대하기 어렵다. 구체적으로 손 글씨의 어떤 부분을 어떻게 개선해야 하는지에 대한 교사의 명시적인 지도와 피드백이 없다면 학생들에게 큰 도움이 되지 않을 뿐더러 오히려 학생들이 글쓰기에 흥미를 잃을 수도 있다. 또한 글자의 기본 모양을 갖추어 쓰는 것조차 어려운 학생들에게는 오히려 '깔끔하게 써야 한다'라는 말도 부담스러울 수 있다. 손 글씨를 쓸 때마다 좌절감을 안겨주는 '무시무시한 10개 글자(I, J, A, D, G, R, N, M, H, Z)'[20] 때문에 학생들이 손 글씨에 대한 지적을 자주 받는다는 점을 고려하면 우리는 이제 효과적인 손 글씨 교육 방안에 관한 논의를 시작해 볼 수 있는 출발점에 선 것이라고 볼 수 있다.[21]

우리가 손 글씨의 중요성을 계속 강조해야 하는 이유는 교실이나 시험장을 떠나 사회에서도 손 글씨가 여전히 중요하기 때문이다. 한 연구에 따르면 교사는 손 글씨의 가독성이 떨어지는 글을 부정적으로 평가할 가능성이 높다고 한다.[22] 그리고 무엇보다 더 중요한 사실은 학생 자신도 자신의 손 글씨가 마음에 들지 않으면 자신의 글을 부정적으로 평가할 수 있다는 것이다.[23] 모든 학생이 손 글씨를 잘 쓸 수 있다면 글쓰기에 자신감을 가질 수 있을 것이다. 중요한 사실은 손 글씨는 누구든 쉽게 도전하여 숙달될 수 있는 능력임을 깨닫길 바란다.

맞춤법 실력을 키우기 위한 노력

'단순 부주의로 인한 맞춤법 실수와 단어에 대한 이해 부족으로 인한 맞춤법 실수는 어떻게 다를까? 그리고 오늘날처럼 누구나 맞춤법 검사기를 쉽게 사용할 수 있는 시대에 글쓰기에서 맞춤법의 정확성이 과연 중요한가?'라는 의문도 충분히 제기될 수 있다.

실제로 많은 사람들이 맞춤법 검사기를 보편적으로 사용할 수 있는 현시대에 맞춤법 학습은 더는 중요하지 않다고 말한다. 하지만 역사 에세이에서 '투쟁(duel)'을 'dual(이중의)'로, '우발적인(casual)'을 '인과적인(causal)'으로, 과학 설명문에서 '확산(diffusion)' 대신 '주입(infusion)'으로 잘못 썼다면, 이러한 오류들은 대부분의 맞춤법 검사기로 잡아내기 어려울 것이다.

물론 맞춤법을 글쓰기의 전부로 여기거나 지나치게 강조해서는 안

된다. 하지만 적절한 맞춤법 교육과 지원을 받은 학생들은 글을 쓰면서 자신이 쓴 맞춤법을 스스로 점검하고 맞춤법 지식을 활용하는 능력을 갖추게 된다. 특히 글을 쓰다가 단어가 생각이 나지 않을 때 다양한 철자 패턴을 알고 있으면, 글쓰기 과정에서 작업 기억을 활용할 때 인지적 부담 없이 효율적으로 글쓰기를 수행할 수 있다. 즉, 맞춤법은 학생들의 글쓰기 수준을 높일 뿐만 아니라 독해력 향상에도 도움이 되므로 맞춤법 지도는 충분히 가치 있는 교육적 활동이다.[24]

맞춤법은 지금도 교실과 사회 전반에서 중요한 위상을 차지하고 있다. 물론 맞춤법을 잘 알지 못해도 큰 성공을 거둘 수 있으며 심지어 유명한 작가도 될 수 있다. 윈스턴 처칠(Winston Churchill)이나 제인 오스틴(Jane Austen)도 맞춤법 지식이 약했던 인물로 알려져 있다. 그렇다면 이 시점에서 쉽게 답하기 어려운 질문을 하나 던져본다. 과연 역사적으로 맞춤법이 걸림돌이 된 인물은 얼마나 될까? 원하는 직장에 입사하지 못한 이유 중의 하나가 이력서의 맞춤법 오류 때문인 경우도 있지 않았을까? 아니면 맞춤법에 어려움을 겪었을 수많은 학생이 실수로 맞춤법을 잘못 기록하여 기록물 원본이 파기되거나 혹은 역사적 기록에 자신의 흔적을 남기지 못했을 수도 있다.

학생들은 글을 평가할 때 맞춤법의 정확성을 중심으로 평가하면서 좋은 글을 가려낸다. 한 연구에서 주요 2단계 학생들에게 맞춤법 오류가 8%인 이야기 글과 맞춤법 오류가 전혀 없는 이야기 글을 비교하게 했다. 연구 결과에 따르면, 학생들은 맞춤법 오류가 있는 글이 완성도와 가독성이 모두 낮다고 판단했다고 한다.[25]

안타깝게도 이와 같은 인식은 맞춤법 오류 없이 글을 쓰려는 태도로 이어져 학생들이 오히려 글쓰기 과정에서 어휘 선택을 제한하는 경향을 초래하기도 한다.[26] 맞춤법에 대한 자신감이 부족할수록 글쓰기 과정에서 어휘를 도전적으로 선택하지 못해 글의 질이 떨어지게 된다. 그래서 나는 학생들에게 맞춤법에 대해 고민하지 말고 과감하고 도전적으로 어휘를 선택하여 글을 쓰라고 격려했음에도 불구하고 학생들은 여전히 맞춤법 실수를 걱정하며 어휘 선택에 소극적인 태도를 보일 때가 많다.

한편 글쓰기 과제를 빨리 끝내려는 태도는 맞춤법의 정확성을 방해하는 원인이 되기도 한다. 맞춤법은 학생들의 글쓰기에 대한 태도를 보여주는 지표이기도 하다. 실제로 맞춤법 오류는 맞춤법 지식의 문제가 아닌 좋은 글을 써내려는 의지가 부족한 필자의 태도가 문제일 수 있기 때문이다.

하지만 실제로 교육 현장에서는 맞춤법 시험을 정기적으로 실시하지만, 학생들이 자주 범하는 맞춤법 오류를 어떻게 교정해야 하는지는 가르치지 않는 경우가 많다. 의미 없는 단어들의 목록을 외워서 보는 시험은 체스 게임처럼 복잡한 글쓰기를 수행할 때 전략적으로 맞춤법 지식을 활용해야 할 때 별 도움이 되지 않는다.

맞춤법 학습은 단순히 26개의 알파벳을 익히는 데 목적이 있지 않다. 학생들은 약 250가지의 다양한 철자 패턴으로 나타나는 44개의 음소(phonemes), 즉 소리와 글자의 관계를 이해하고, 철자를 선택하여 적절하게 배열하는 방법을 배워야 한다. 따라서 의미 없는 단어 목록을 보면서 맞춤법을 단순히 암기하기보다는 '음운'을 먼저 배운 뒤,

다양한 철자 패턴을 익히는 것이 효과적이다.

철자 패턴을 알고, 자신의 맞춤법 오류를 스스로 점검 및 수정하는 행위는 자기 조절 능력(self-regulation)의 민감성과 관련이 있다. 다행히도 이 능력은 명시적인 지도를 통해 계발할 수 있다. 예컨대 아이들이 글을 쓸 때 교육용으로 제작된 안경을 착용하여 맞춤법 오류를 점검하도록 돕는 도구로 '맞춤법 점검 안경(check specs)'을 활용할 수 있다. 이 교구를 착용하고 글을 쓰면 아이들은 맞춤법 점검 활동을 즐거워할 뿐만 아니라 자신의 글을 고쳐 쓰는 데 집중할 수 있다. 실제로 영국 더비(Derby)의 윈덤 초등학교(Wyndham Primary Academy)에서는 고쳐 쓰기 단계를 지도하기 위해 다양한 색상의 안경을 활용했다. 고학년이라면 이런 도구 사용을 꺼릴 수 있지만 그럼에도 맞춤법 지도 방법으로는 효과적이다. 결국 모든 학생은 일반적인 맞춤법 원리와 글쓰기 과정에서 맞춤법 지식을 적절히 활용할 수 있는 방법을 배워야만 자신의 글을 스스로 점검하고 수정할 수 있다.

그렇다면 다음과 같은 질문을 던져보자. 학생들에게 가장 중요한 맞춤법과 철자 패턴은 과연 무엇일까?

우선, 영어가 글자와 발음의 관계가 불규칙하다는 생각은 사실 오개념일 수 있다. 학생들은 체계적인 음운 교육을 받으면 철자 패턴 지식을 활용하여 단어를 정확하게 쓸 수 있다. 철자 패턴 지식으로 단어를 예측할 수 있는 경우는 전체 단어의 약 50%이고, 약 36%는 한 개의 음소만 제외하면 철자 패턴을 충분히 예측할 수 있다.[27] 또한 '분할된 이중 자음(split-digraphs, 'rated'의 'a-t-e'처럼 두 글자가 하나의 모음 소리를 내지만 중간에 자음이 삽입된 경우)'과 같은 음운 지식은 교사가 철자 패턴을 설명하고 명명할 때 이를 유용하게 활용될 수 있다.

그런데 중학교 교사는 맞춤법을 지도해야 하면서도, 정작 음운 인식이나 맞춤법 교육의 장점에 대해서는 충분한 교육을 받지 못한 경우가 많다. 학교 현장에서는 학생들에게 맞춤법을 지원하는 방법에 대해 여전히 의구심이 많다. 맞춤법을 지도해야 할 교사들이 음운 인식이나 철자 패턴 지도법에 대한 훈련을 받지 못한 경우가 많기 때문이다. 빨간 펜 첨삭(red pen corrections) 피드백 역시 교육적 효과는 크지 않다.

모든 학년에 걸쳐 적절한 맞춤법 지도가 이루어진다면, 학생들이 흔히 겪는 맞춤법 오류들을 바로잡을 수 있다.

- **모음군(Vowel clusters).** 대부분 간단한 영어 단어는 자음-모음-자음(CVC) 구조이며, 글자와 발음 간의 관계가 명확하다. 하지만 장음 /a/은 -a, -ai, -ay, -eigh, -ea, a-e 등 다양한 철자로 표기된다. 학생들은 모음군을 배우기 시작하고 다양한 음소 패턴과 글자와 소리의 대응 관계가 뚜렷하지 않은 예를 배우기 시작하면서 철자 학습에 어려움을 느낀다. 까다로운 모음군의 예로는 'feet'과 'feature', 'aerial'과 'aerobics'(aer), 'millionaire'과 'questionnaire'(aire), 'queen'과 'queer' 등이 있다.

- **자음 중복(Consonant doubling).** 대부분의 자음은 모음보다는 글자와

소리 간의 대응이 일관되고 하나의 소리로 발음된다. 자음이 중복된 단어는 오히려 학생들에게 혼란을 줄 수 있다.[28] 자음 중복 현상은 학생들이 자주 혼동하는 맞춤법 오류 중 하나이다. 'dropped'를 'droped'로 잘못 쓰는 경우가 이에 해당한다. 일반적으로 한 음절 단어의 끝 세 글자가 'CVC' 구조일 때는 자음을 두 번 반복하여 표기한다. 예를 들면, 'big'은 'bigger'로, 'sin'은 'sinner'로 바뀐다. 'muddy'나 'study'와 같은 단어들도 이와 같은 방식이다. 그러나 'melon'과 'mellow', 'body'와 'shoddy'처럼 자음 중복 표기 규칙이 일관되게 적용되지 않을 때도 있다.[29]

- **동음이의어(Homophones).** 학생들이 맞춤법을 어려워하는 이유 중의 하나는 소리는 같지만, 철자가 다른 동음이의어 때문이다. 학교에서 읽는 글에 자주 등장하는 동음이의어는 약 500개에 이른다. 대부분의 동음이의어는 단어가 쌍으로 나타난다. 예를 들면 'beach'와 'beech', 'new'와 'knew'와 같은 단어는 두 단어를 비교하며 학습하는 것이 효과적이다. 이처럼 교사의 명시적인 지도를 바탕으로 동음이의어 쌍을 비교하고 반복 연습하면, 맞춤법 검사기로도 잡아낼 수 없는 동음이의어 오류를 예방할 수 있다.

- **형태소 패턴(Morpheme patterns).** 학생들의 맞춤법 학습에 중요한 요소는 형태소(morphemes)이다. 즉 의미를 지니는 단어의 최소 단위인 어근(word roots), 접두사(prefixes), 접미사(suffixes)를 인식하는 것이다. 형태소를 제대로 알아야 글쓰기를 할 때 복잡한 학문적 개념어를 사용할 수 있다. 예를 들어 'photosynthesis'는 'photo-syn-thesis'로 나눌 수 있다(photosynthesis/photo-syn-thesis). 이 암묵적 지식은 새로

운 단어와 어려운 철자를 배우는 데 필요하다. 예를 들어 접두사가 포함된 단어 중 절반 이상이 'un-', 're-', 'in-', 'dis-'로 시작하므로 교사는 주요 접두사를 중심으로 형태소 패턴을 명시적으로 지도할 수 있다.

• **예외 단어들(Exception words).** 학생들은 저마다 다른 맞춤법 오류 양상을 보인다. 일부 단어는 외국어에서 차용되었거나 영어 고유의 철자 패턴과는 다른 독특한 규칙을 가지고 있기 때문이다. 가령 단어 'coffee'는 독특한 자음 중복 패턴을 갖고 있다. 이처럼 대부분의 학문적 개념어는 그리스어나 라틴어에서 유래하므로, 학생이 만약 일정 수준의 어원 지식을 가지고 있으면 독특한 철자 패턴을 이해하는 데 도움이 된다. 예를 들어, 'debt'의 묵음 'b'는 라틴어 어근 'debitum'에서 유래되었다.

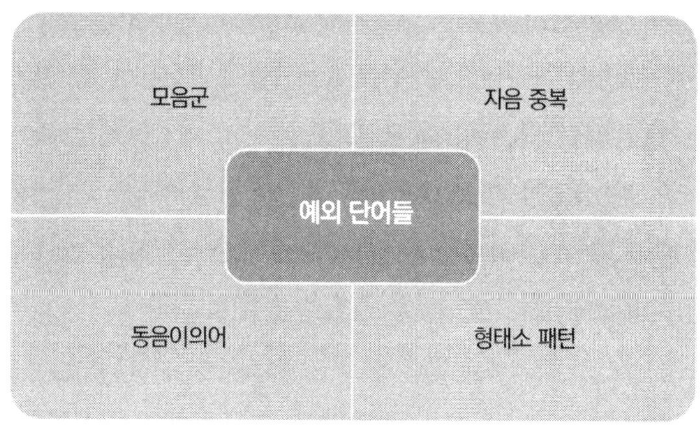

그림 3.3 학생들이 자주 범하는 맞춤법 오류

단어 목록이 맞춤법 학습의 시작은 될 수 있지만, 그것만으로는 충분하지 않다. 학생들이 글을 쓰면서 맞춤법을 스스로 점검하고 적절한 단어를 선택할 수 있도록 집중적인 지도와 단계적인 연습이 함께 이루어져야 한다. 예를 들어, 학생들이 자주 범하는 맞춤법 오류(그림 3.3)를 참고하여 자신만의 단어 목록을 만들어 보도록 권장하고, 이를 알맞은 어휘 지도와 맞춤법 연습 활동을 연계하여 지도할 수 있다. 대부분의 학생은 맞춤법을 어려워한다. 하지만 교사가 맞춤법을 명시적이고 체계적으로 지도한다면 유의미한 교육적 성과를 거둘 수 있다.

글쓰기 과정과 계획 활동을 집중 지도하라

지역 아동 돌봄센터 유치원의 동화방을 다시 떠올려 보자.

'문제 상황(problem)', '해결책(solution)', '배경(setting)' 등의 이름이 붙은 작은 바구니를 기억하는가? 앞서 밝혔듯이, 교사는 아이들이 이야기 쓰기 활동에 쉽게 접근할 수 있도록 단순하고 구조화된 단계로 세분화하여 지도할 필요가 있다. 이러한 사례는 확장된 글쓰기를 체스 게임에 비유할 때 글쓰기의 여러 단계를 보다 명시적으로 드러내어야 체계적으로 지도할 수 있음을 시사한다.

또한 교사가 학생이 문장을 쓰고 의미를 구성하도록 돕는 협동 작문(shared writing) 활동은 아이디어는 풍부하지만 이를 글로 옮기는 데 능숙하지 못해 글을 잘 쓰지 못하는 학생의 글쓰기 부담을 덜어주는 데 도움이 된다. 교사는 글쓰기에 미숙한 학생이 글쓰기 과정을 수행하도록 돕는 다양한 쓰기 전략을 지원해야 한다. 그 예로는 글쓰기 계획을 위한 작은 바구니, 정교한 에세이 계획 활동지, 사전에 제공된 내용 구조도, 문장 틀이 있다.

이러한 맥락에서 연령이나 학교급과 무관하게 능숙한 필자와 미숙한 필자의 글쓰기 과정을 비교해 보면 쓰기 발달 특성을 이해하는 데 도움이 된다.

능숙한 필자	미숙한 필자
글쓰기 계획을 혼자서 신속하게 세울 수 있다.	글쓰기 계획 단계에서 비계, 지원, 안내가 필요하다.
풍부한 배경지식을 활용하여 글을 쓸 수 있다.	쓰기 전 단계에서 배경지식을 보강해야 한다.
독자(예상 독자가 교사 또는 자신이라 하더라도)의 기대와 요구를 예상할 수 있다.	독자의 요구와 기대를 예상하기 어려우므로 교사의 명시적인 지도가 필요하다.
풍부한 독서 경험을 바탕으로 장르 특성과 관습을 잘 이해하고 있으며, 글쓰기 맥락에 맞게 쓰기 관습을 의도적으로 변형하여 글을 쓸 수 있다.	장르 특성과 관습에 대한 정확한 설명이 필요하며, 이를 바탕으로 글쓰기 연습 활동을 꾸준히 해야 한다.
글쓰기 계획을 점검 및 조정하는 활동, 글을 고쳐 쓰고 수정하는 활동의 중요성을 인식하고 있다.	글쓰기 계획을 점검 및 조정하고, 글을 고쳐 쓰고 수정하는 전략에 대한 구체적인 안내와 지원이 필요하다.
자기 점검 및 조정 활동의 중요성을 인식하고 있다. 이를 바탕으로 글쓰기 과정을 점검하며 완성도 높은 글을 만들기 위해 글을 다듬고 수정한다.	자기 평가 및 동료 평가 활동, 교사의 초점화된 피드백을 통해 글쓰기 능력이 향상될 수 있다.

당신의 학생들이 미숙한 필자에서 능숙한 필자로 성장하는 글쓰기

발달의 연속선상에서 과연 어디쯤 속해 있는지 잠시 생각해 보라. 글쓰기 과제의 유형, 특히 해당 주제에 관한 풍부한 배경지식을 가진 학생이 있다면 글쓰기 발달 단계에서 더 높은 수준으로 끌어올릴 수 있다.

실제 전문 작가의 글쓰기 과정을 보여주는 활동은 효과적인 글쓰기 지도 방법이 될 수 있다. 예를 들어 미국의 대표 작가인 어니스트 헤밍웨이(Ernest Hemingway)는 자신의 걸작 『무기여 잘 있거라(Farewell to Arms)』의 마지막 장을 쓸 때 '적절한 단어를 고르기 위해(getting the words right)' 무려 서른아홉 번이 넘도록 다시 고쳐 썼다고 한다. 이 일화는 좋은 글을 쓰려면 수정하기 활동뿐 아니라 자기 조절 능력, 집중력, 꾸준한 노력이 얼마나 중요한지를 알려준다.

당신이 일곱 살이든 열일곱 살이든 글을 잘 쓰고자 하는 의지와 태도는 충분한 지원을 받으면 언제든 가질 수 있다. 그러나 아무리 글쓰기에 능숙한 사람이라도 글쓰기 과제에 대한 실패 경험이 누적되면 좌절하기 쉽다. 이처럼 글쓰기는 누구에게나 도전적인 과제이므로 학생들을 예비 작가나 어린 역사가로 존중하는 태도가 필요하다. 또한 미숙한 필자인 이들이 능숙한 필자로 성장할 수 있도록 체계적인 지원이 뒷받침되어야 한다.

실제로 작가마다 고유한 글쓰기 방식이 있다. 그러나 작가라면 누구나 글쓰기 목표와 목적, 그리고 예상 독자를 고려하여 글쓰기 과정을 수행한다는 점은 같다. 신문에 기사를 쓰는 기자, 비즈니스 이메일을 작성하는 회사원, 새로운 백신에 대한 보고서를 쓰는 연구원, 아동문학 작품을 구상하는 소설가 등은 글쓰기 목적은 제각각이어도 이들

모두 일반적인 글쓰기 과정을 밟는다는 점은 공통적이다.

그림 3.4의 글쓰기 과정 5단계 모델은 글쓰기 단계가 회귀적으로 이루어지는 특성을 잘 보여준다는 점에서 교사와 학생 모두에게 유용한 모델이다.

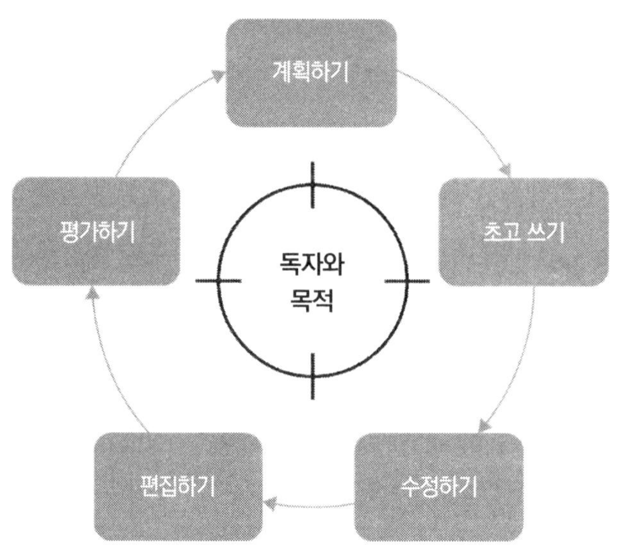

그림 3.4 글쓰기 과정 5단계 모델

교사는 글쓰기 계획 전략을 지도해보면 학생들이 '계획하기' 단계를 어려워하거나 아예 시도조차 하지 않는다는 점을 보게 된다. 여기서 다음과 같은 질문을 해 볼 수 있다. 학생들이 글쓰기 계획 단계에서 겪는 어려움은 무엇인가?

교사는 글쓰기 계획 전략을 적절하게 지도했음에도 불구하고 이를 학생들이 스스로 적용하지 못하는 모습을 보며 답답함을 느낀다. 제한된 시간 안에 글을 써내야 하는 시험 상황에서는 주로 계획하기 단계는 주로 생략되거나 형식적인 절차로 치러진다.[30] 글쓰기에서 효율성을 중시하는 학생일수록 시간적 압박감에 글쓰기 계획하기 단계에서 이루어지는 심사숙고의 과정을 생략하거나 축소하는 경향이 있다.

교사는 제한된 시간 안에 정해진 진도를 나가야 하므로 시험 형식의 글쓰기에 집중할 수밖에 없는 현실적인 어려움도 충분히 이해된다. 대체로 능숙하게 글을 쓰는 학생은 풍부한 배경지식을 바탕으로 아이디어를 빠르게 떠올리고 내용을 논리적으로 조직할 수 있다. 반면 안타깝게도 글쓰기에 미숙한 학생은 글쓰기 단계를 수행하는 데 서툴며 배경지식을 활용하는 데도 어려움을 겪는다. 이러한 학생들에게 시험 형식의 글쓰기만 반복해서 연습시키면 이들은 계획하기 단계를 어떻게 수행해야 하는지를 제대로 배우지 못하게 된다. 그 결과 글쓰기에 능숙한 학생과 미숙한 학생의 글쓰기 격차는 점차 벌어지게 된다.

특히 학생들이 단문 글쓰기를 할 때 계획하기 단계를 불필요하고 성가신 단계로 여기는 경향이 있다. 학생들은 대부분 글을 '빨리 쓰고' 싶어 하기 때문이다. 하지만 현실에서는 글을 빨리 써야겠다는 열정만으로 글을 쓰다 보면 아이디어 고갈로 금세 한계에 봉착하게 된다. 계획 없이 글을 쓰면 내용의 통일성을 잃고, 체계적이지 않은 내용 조직과 흐지부지한 결말만 남게 된다. 따라서 우리가 학생들에게 전해야 할 진실은 다음과 같다. 즉 글쓰기 계획에 들이는 시간이 결과적으로는 글을 쓰는 시간과 노력을 줄일 수 있다는 사실이다.

학생들에게 글쓰기 과정에서 계획 단계의 필요성을 설명하면 회의적인 반응을 보이기도 한다. 눈치가 빠른 고학년 학생들은 "이게 평가에 반영되나요?"라고 자주 묻곤 한다. 여러 연구에 따르면 글쓰기 전 단계에서의 계획 활동과 글의 질은 상관관계가 높다.[31] 개요 쓰기, 거미줄 다이어그램, 초고 쓰기와 같은 계획 활동은 글의 질을 높이는 데에 긍정적인 영향을 미친다.[32]

반면 일부 학생은 지나치게 방대한 글쓰기 계획을 세우기도 한다. 나는 꽤 성실한 학생들이 글을 쓸 때 완성된 원고와 다름이 없을 정도로 상세하게 글쓰기 계획을 세우는 모습을 본 적이 있다. 이렇게 과도한 계획을 세우다 보면 오히려 시간과 에너지를 필요 이상으로 소모하게 된다. 그렇지만 대부분 학생은 여전히 글쓰기 계획을 대충 하는 경향이 있다.

글쓰기 계획에 어느 정도의 시간과 노력이 필요한지는 과학적으로 접근할 문제가 아니라 전문적인 교사의 판단으로 결정할 문제다. 실용적인 관점에서 보면 과제가 복잡하고, 글의 분량이 길수록 더 많은 숙고와 계획 활동이 요구된다. 예를 들어 어떤 학생이 배운 내용을 기억하기 위해 노트 필기를 할 때 계획하기 단계는 굳이 필요하지 않다. 반면 5학년 학생이 지리 수업에서 자기가 사는 지역에 관한 사례 연구를 해야 할 때는 보다 철저하게 계획하기 단계를 수행해야 한다.

계획하기 전략이 내면화되고 자동화되면 이 단계에 들이는 시간은 자연스럽게 줄어들고 그만큼 실제 표현하기 단계에 더 많은 시간과 노력을 들일 수 있다. 예컨대 시험 형식의 글쓰기에서는 계획하기 활동이 비교적 신속하게 이루어진다. 계획 활동에 대한 체계적으로 지원을 받고 연습 과정이 충분히 뒷받침되면서 이미 숙달되었기 때문이다.

또한 우리는 글쓰기 계획 활동은 쓰기 전 단계에만 국한된 활동이 아니라는 점을 인식해야 한다. 초고를 쓰기 전에 아이디어를 정리하고 자료를 수집하는 단계를 '쓰기 전 계획(pre-planning)'이라 한다. 하지만 글을 잘 쓰는 학생일수록 글을 쓰는 중에도 계획한 내용을 점검하고 필요에 따라 이를 수정한다. 이처럼 글을 쓰는 중간에 이루어지는 계획하기 활동을 '반성적 계획하기(reactive planning)'라고 한다.

이를 정리해 보자면, 전문 작가도 글쓰기 단계를 단편적이고 선조적으로 수행하지 않고, 복잡하고 회귀적인 과정을 거치며 글을 쓴다는 점을 인식해야 한다(그림 3.5 참조).

글쓰기 수업에서 독자에 대한 민감성을 길러준다면 학생들은 글쓰기 계획을 보다 효과적으로 수행할 수 있을 것이다. 물론 모든 글쓰기에서 반드시 독자를 고려해야 하는 것은 아니다. 만약, 미술 수업 시간에 표현주의에 관한 노트 필기를 한다면 이는 자신의 학습을 위한 글쓰기이므로 치밀하게 계획할 필요가 없다. 반면 추리 소설이나 역사 에세이와 같은 '독자 중심의 글쓰기'를 할 때는 독자의 배경지식과 기대를 반드시 고려해야 한다.

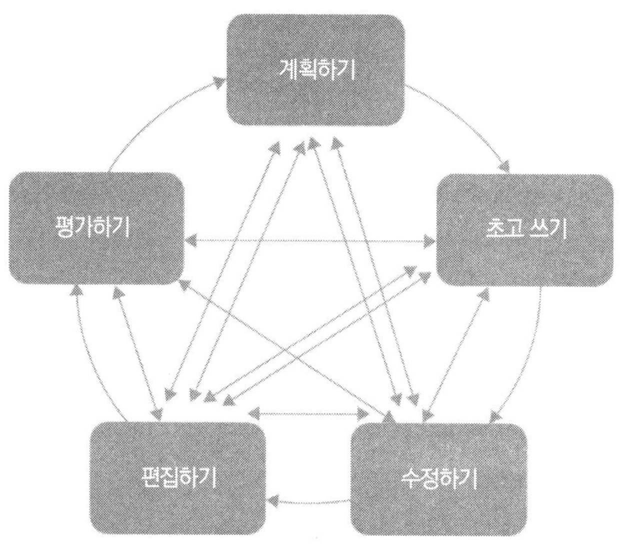

그림 3.5 (실제로는 더 복잡한) 글쓰기의 과정 5단계

한 연구에 따르면, 글쓰기 계획 단계에서 예상 독자를 고려할수록 글의 질이 높아진다고 한다.[33] 즉 예상 독자를 분석할 수 있는 구조화된 질문 목록이나 동료 학습자와 함께 예상 독자의 특성에 대해 파악하는 활동은 계획하기 활동에 큰 도움이 된다.[34] '실제' 독자를 생각하며 글쓰기를 계획하는 활동은 교사에게 상당한 시간을 요구하지만, 모든 교육과정의 단계와 교과목 수업에서 효과적으로 활용할 수 있는 유의미한 수업 사례가 될 수 있다. 글쓰기 계획 능력을 높이는 구체적인 지도 방법에 대해서는 7장에서 자세히 다룰 것이다.

◐ 수정하기, 편집하기, 글의 질 높이기

나무는 키우는 것보다 자르는 게 훨씬 쉽다.

- 고대 속담

교실에서는 "선생님, 글 다 썼어요!"라는 학생들의 외침을 자주 듣는다. 보통 주어진 활동이나 과제를 빨리 끝내기 위해 너도나도 경쟁하는 분위기는 흔한 교실 풍경이지만, 글쓰기 과제에서 이런 태도는 좋지 않다. 오히려 글쓰기를 배우는 학생들에게는 해가 될 수 있다. 이는 글쓰기의 마지막 단계인 수정하기와 편집하기를 소홀히 하게 될 수 있기 때문이다.

글쓰기 과정에서 수정하기와 편집하기는 쉽게 혼동되거나 잘못 이해되는 경우가 많으므로 두 단계를 명확하게 구분하여 알아두는 것이 중요하다. 그렇지 않으면 학생들은 이 두 단계를 잘못 적용하거나 아예 생략해 버릴 수 있기 때문이다. 다음 정의를 살펴보자.

- **수정하기(Revising)**는 '작성한 글에 대한 피드백과 자기 평가를 바탕으로 글의 내용을 고치는 것'이다.
- **편집하기(Editing)**는 '글의 정확성과 논리적 연결성을 갖추기 위해 글의 형식을 고치는 것'이다.[35]

그러나 학생들은 '수정하기' 단계에 대한 오개념을 갖고 있을 때가 더러 있다. 이들은 수정하기 단계를 맞춤법이나 문법 오류를 대충 훑어보는 일, 혹은 글을 '깔끔하게' 옮겨 적는 행위로 오해하곤 한다.[36] 이는 흔히 나타나는 오해들이다. 또 다른 오해는 수정하기 단계를 '내용을 덧붙이는 행위' 정도로 생각하기도 한다. 17세기 프랑스 사상가이자 작가인 블레즈 파스칼(Blaise Pascal)은 자신의 편지가 유독 길어진 이유에 대해 "글을 줄일 시간이 없었기 때문"이라고 말했다.[37] 이 일화는 글쓰기에서 진정한 '수정'은 단순히 내용을 덧붙이는 것이 아닌 내용의 군더더기를 줄이고, 문장을 재구성하며, 글을 명료하게 다듬는 과정임을 보여주는 좋은 사례다.

여기서 분명한 사실은 수정하기 단계가 단순히 내용을 추가하는 과정이 아닌 덜어내는 과정이라는 점에서 글의 수정 작업은 충분히 숙고하는 과정이며 상당한 시간과 노력을 요구한다. 그래서 대부분의 학생은 수정하기 단계를 성가신 일로 여기거나 외면하는 경우가 많다.

글쓰기 과정에서 수정하기 단계가 제대로 수행되지 않는 이유는 명확하다. 대부분 중등학교 수업에서는 글쓰기 활동이 단문이나 한두 문장 쓰기 수준에서 그치기 때문이다.[38] 현실적으로 글쓰기 수업에서 수정하기 활동 자체가 생략되거나 연습 기회가 부족하다.

글쓰기 수정 과정을 지원하는 한 방법은 글쓰기 과정에서 '독자 인식'을 높이는 것이다. 한 연구에 따르면 동료 학습자를 가상의 독자로 설정하면 학생의 글쓰기 동기가 높아지고 글을 더 신중하게 쓰도록 만든다고 한다. 독자 중심의 수정 및 편집 활동의 한 예로[39] 학생이 또래 편집자의 역할을 수행하는 방법이 있다. 이 활동은 학생이 동료 학습자의 글을 읽으며 의미가 불분명한 지점에서 잠시 멈추고 해당 부분에 대한 명확한 설명을 요구하는 것이다. 또한 '작가석(author's chair)' 활동처럼 학생이 자신의 글을 구두로 발표한 뒤 다른 학생들로부터 피드백을 받고 이를 바탕으로 글의 목적이나 독자를 고려하여 글을 어떻게 수정했는지 설명하는 활동도 매우 유익하다.

글을 쓰고, 시간과 노력을 들여 자신의 글을 수정하고 편집하기 위해서는 누가 이 글을 읽을 것이며 좋은 글의 요소는 무엇인지에 대해 명확하게 인식해야 한다. 로이스 새들러 박사(Dr Royce Sadler)는 어떻게 하면 학생들이 독자와 좋은 글에 관한 인식을 가질 수 있는지 그 방법을 다음과 같이 제시하였다.

> …학생은 교사와 유사한 수준의 '좋은 글'에 대한 개념을 갖고 있고 글을 쓰는 과정에서도 자신의 글의 수준을 스스로 점검할 수 있으며 필요에 따라 적절하게 활용할 수 있는 다양한 글쓰기 전략과 방법을 알고 있다.
>
> *「형성 평가와 체제적 교수 설계」, 로이스 새들러(Royce Sadler)*

그는 글쓰기에 능숙한 학생의 글쓰기 과정을 거의 정확하게 설명했다. 하지만 실제로 많은 학생이 자신의 글쓰기 과정을 효과적으로 점검하지 못한다.[40] 따라서 학생들에게 교사의 적절한 지원뿐 아니라 체계적이면서도 충분한 연습 활동까지 모두 제공되어야 한다.

자기 조절 전략 개발(SRSD, Self-Regulated Strategy Development)

과 같은 검증된 글쓰기 프로그램에서는 글쓰기 과정을 단계별로 나누어 학생들이 쉽게 따라 할 수 있는 쓰기 전략을 명시적으로 제시하고 있다. SRSD 프로그램은 DARE와 같은 약어를 활용하여[41] 학생들이 논증적인 글을 체계적으로 쓸 수 있도록 돕는다.

- 주제문을 설득력 있게 구성하기(**D**evelop your topic sentences).
- 주장을 뒷받침하는 근거를 추가하기(**A**dd supporting ideas).
- 상대방의 의견에 반박하기(**R**eject arguments from the other side).
- 인상 깊은 결론으로 마무리하기(**E**nd with a strong conclusion).

학생들이 글을 쓰는 도중에 자신의 글을 계속 점검하며 수정 및 편집 활동을 하지 않으면 막상 초고를 다 쓰고 난 후 수정해야 할 것들이 많아 고쳐쓰기 단계에 부담을 느끼게 된다. 이를 예방하기 위해 교사는 고쳐 쓰기 단계를 체계적으로 지원하기 위해 단계를 세분화하여 '편집점(editing anchor points)'이라 부르는 중간 점검 시간을 가지면 좋다. 교사는 편집점으로 일정 시간 간격(예: 글쓰기 후 15~20분에) 또는 내용 구조를 고려한 지점(예: 에세이의 세 단락을 완성한 후)을 설정한다. 이 지점에서 학생들이 글을 쓰는 도중 잠시 멈추고 자신이 쓴 글을 수정하고 편집하도록 안내할 수 있다.

모범문을 탐구하는 활동도 학생들이 '좋은 글의 요건'을 인식하는 데 도움을 준다. 또한 자신의 글에서 어떤 부분을 고쳐야 하는지를 명확하게 이해하도록 돕는다. 물론 자신의 글을 객관적으로 편집하는 일은 매우 어렵다. 사실 수많은 전문 기자나 작가도 숙련된 편집자의 도움을 받고 있다.[42] 그러므로 학생들이 자신의 글을 스스로 편집하는 일을 어려워하는 것은 매우 자연스러운 일이다.

글의 구조를 다듬는 수정하기 단계가 끝나면 이제 고된 작업인 편집하기 단계로 넘어가야 한다.

일반적으로 편집하기 단계는 문법, 문장 부호, 맞춤법과 같은 언어적 오류가 있는지 점검하고 이를 교정하는 과정이다. 학생들이 이와 같은 편집 기술을 익히려면 교사가 편집하기 단계에서 무엇을 어떻게 해야 하는지를 시범 보이고, 학생 수준에 맞게 이를 단계적으로 지도해야 한다. 예를 들어 교사와 학생이 예전에 작성했던 글쓰기 과제물에 나타난 오류를 함께 점검해 보고(학생들의 노트에 기록된 계획하기, 초고 쓰기, 수정하기 단계를 충분히 거치지 않은 글도 포함된다), 자신에게 꼭 맞는 편집 체크리스트나 편집용 시트를 직접 만들어 활용하여 지도할 수 있다. 이 편집 도구는 학생 혼자서 글을 써야 하는 상황에서도 유용하게 활용될 수 있다. 또한 학생들에게 예시 글의 오류를 빠르게 찾아보도록 하여 큰 부담 없이 즐겁게 글을 편집해 보도록 하는 것도 좋은 방법이다. H. G. 웰스(H. G. Wells)는 "이 세상의 사랑, 증오 그 어떤 감정도 다른 사람의 초고를 고치고 싶은 욕구보다는 크지 않다"라고 했다.[43] 이 말은 수많은 글쓰기 경험자들이 공감할 법하다.

문법, 문장 구조, 맞춤법 등의 기본 지식의 양을 과소평가해서는 안 된다. 자신감 있고 능숙하게 자신의 글을 편집할 수 있으려면 이러한 문법 지식을 탄탄히 갖추어야 한다. 이를 위해서는 교사가 편집하기 단계에서 알고 활용해야 할 문법 지식을 적극적으로 지도해야 한다. 또한 글을 잘 쓰지 못하는 학생이 감당할 수 있는 수준의 과제를 제공하는 것 역시 중요하다. '맞춤법과 어휘 선택'에 초점을 둔 편집 활동을 해 보는 것도 도움이 된다. 이때에는 학생들이 자주 틀리는 맞춤법을 찾아보게 하거나 더 명확한 단어로 수정하도록 안내해 보아도 좋다.

자신의 글을 수정하고 편집하는 일이 얼마나 어려운 일인지를 생각해 보면 저명한 작가 스티븐 킹(Stephen King)이 "글쓰기는 인간의 영역이고 편집은 신의 영역"이라고 말했던 그의 표현에 깊이 공감하게 된다.[44] 하지만 글쓰기에서 필수적인 이 과정이 특별한 능력이 있는 사람만 할 수 있는 신비로운 작업이라고 여겨서는 안 된다. 편집하기 활동은 일상적인 교실 활동의 중요한 일부가 되어야 한다.

요 약

- 글쓰기는 학년이 올라갈수록 점점 더 어렵고 복잡해질 수 있다. 따라서 교사가 초기 단계부터 글쓰기 과정을 체계적으로 지원하고 학생이 감당할 수 있는 수준으로 글쓰기 단계를 세분화하여 지도해야 한다.
- 글쓰기에 대한 단순 관점 모델에서는 교사가 글쓰기의 과학적 원리를 이해할 수 있도록 세 가지 핵심 요소로 설명한다.
- 손 글씨와 맞춤법 실력은 핵심적인 전사 기능으로, 이 기능에 숙달되어야 확장된 글쓰기를 성공적으로 수행할 수 있다.
- 미완성된 글, 모범문, 수업에서 활용할 수 있는 비계, 그리고 학생들의 수정과 편집 활동을 돕는 '편집점' 전략 등은 대다수의 학생이 "글 다 썼어요!"라고 외치며 성급히 글쓰기 과제를 끝내려는 욕구를 조절하는 데 효과적인 지도 전략이 될 수 있다.
- 교사가 글쓰기 과정의 각 단계(계획하기, 초고 쓰기, 수정하기, 편집하기, 출판하기 등)를 명시적이면서도 구체적으로 지도하면 나중에 학생들이 혼자서도 글쓰기를 성공적으로 수행할 수 있게 된다.

주석

1. Hughes, T. (1995). The Art of Poetry No. 71. *The Paris Review*, Issue 134, Spring 1995. 출처: www.theparisreview.org/interviews/1669/the-art-of-poetry-no-71- ted-hughes.

2. Myhill, D. (2011). The ordeal of deliberate choice: Metalinguistic development in secondary writers. *Past, present, and future contributions of cognitive writing research to cognitive psychology*, 247-274.

3. Christie, F., & Derewianka, B. M. (2008). *School discourse: Learning to write across the years of schooling* (1st ed.). London: Continuum.

4. Graham, S., & Perin, D. (2007). A meta-analysis of writing instruction for adolescent students. *Journal of Educational Psychology, 99*(3), 445-476. doi:10.1037/0022-0663.99.3.445.

5. Alves, R. A., & Limpo, T. (2015). Progress in written language bursts, pauses, transcription, and written composition across schooling. *Scientific Studies of Reading, 19*(5), 374-391. doi:10.1080/10888438.2015.1059838.

6. Hayes, J. R. (2012). Modelling and remodelling writing. *Written Communication, 29*(3), 369-388. 출처: https://doi.org/10.1177/0741088312451260.

7. Berninger, V., Vaughan, K., Abbott, R., Begay, K., Coleman, K., Curtin, G., Hawkins, J., & Graham, S. (2002). Teaching Spelling and Composition Alone and Together: Implications for the Simple View of Writing. *Journal of Educational Psychology, 94*(2), pp. 291-304. doi:10.1037/0022-0663.94.2.291.

8. Altemeier, L. E., Abbott, R. D., & Berninger, V. W. (2008). Executive functions for reading and writing in typical literacy development and dyslexia. *Journal of Clinical and Experimental Neuropsychology,* 30, 588–606.

9. Berninger, V. W., & Amtmann, D. (2003). Preventing written expression disabilities through early and continuing assessment and intervention for handwriting and/or spelling problems: Research into practice. *Handbook of Learning Disabilities,* 345–363.

10. Longcamp, M., & Zerbato-Poudou, M-T., & Velay, J-L. (2005). The influence of writing practice on letter recognition in preschool children: A comparison between handwriting and typing. *Acta Psychologica, 119,* 67–79. 10.1016/j.actpsy.2004.10.019.

11. Connelly, V., Dockrell, J., & Barnett, A. (2012). Children challenged by writing due to language and motor difficulties. In V. Berninger (Ed.) *Past, Present, and Future Contributions of Cognitive Writing Research to Cognitive Psychology.* 10.4324/9780203805312.

12. Graham, S., Harris, K. R., & Fink, B. (2000). Is handwriting causally related to learning to write? Treatment of handwriting problems in beginning writers. *Journal of Educational Psychology, 92*(4), 620–633. 출처: https://doi.org/10.1037/0022-0663.92.4.620.

13. 타이포그래피 용어임. 소문자에서 평균선 위로 튀어나온 부분은 위키백과에서 가져옴. https://en.wikipedia.org/wiki/Ascender_(typography).

14. Graham, S., Weintraub, N., & Berninger, V. (1998). The relationship between handwriting style and speed and legibility. *Journal of Educational Research 91*(5), 290–297. 10.1080/00220679809597556.

15. Graham, S., & Weintraub, N. (1996). A review of handwriting research:

Progress and prospects from 1980 to 1994. *Educational Psychology Review, 8*(1), 7–87. https://doi.org/10.1007/BF01761831.

16. Graham, S., Harris, K. R., & Fink, B. (2000). Is handwriting causally related to learning to write: Treatment of handwriting problems in beginning writers. *Journal of Educational Psychology, 92*, 620–633.

17. Christensen, C. A. (2005). The role of orthographic- motor integration in the production of creative and well-structured written text for students in secondary school. *Educational Psychology, 22*, 441–453. doi:10.1080/01443 41050 0042076.

18. Berninger, V. W., Mizokawa, D. T., & Bragg, A. (1991). Theory-based diagnosis and remediation of writing disabilities. *Journal of Educational Psychology, 29*, 57–59.

19. Santangelo, T., & Graham, S. (2016). A comprehensive meta-analysis of handwriting instruction. *Educational Psychology Review.* 출처: https://doi.org/10.1007/s10648-015-9335-1.

20. Prunty, M., & Barnett, A. L. (2020). Accuracy and consistency of letter formation in children with developmental coordination disorder. *Journal of Learning Disabilities, 53*(2), 120–130. https://doi.org/10.1177/00222194 19892851.

21. The National Handwriting Association offers an excellent free downloadable booklet for teachers on helping handwriting. 출처: https://nha-handwriting.org.uk/shop/good-practice-for-handwriting/.

22. Graham, S., Harris, K. R., & Hebert, M. (2011). *Informing writing: The benefits of formative assessment.* Washington, DC: Alliance for Excellence in Education.

23. Meadows, M., & Billington, L. (2005). *A review of the literature on marking reliability*. Report for the National Assessment Agency by AQA Centre for Education Research and Policy.

24. Santangelo, T., & Graham, S. (2016). A comprehensive meta-analysis of handwriting instruction. *Educational Psychology Review*. https://doi.org/10.1007/s10648-015-9335-1.

25. Varnhagen, C. K. (2000). Shoot the messenger and disregard the message? Children's attitudes toward spelling. *Reading Psychology, 21*(2), 115–128. https://doi.org/10.1080/02702710050084446.

26. Sumner E., Connelly V., & Barnett A. L. The influence of spelling ability on handwriting production: Children with and without dyslexia. *Journal of Experimental Psychology. Learning, Memory, and Cognition, 40*(5), 1441–1447. doi:10.1037/a0035785.

27. Moats, L., & Tolman, C. (2009). Excerpted from *Language Essentials for Teachers of Reading and Spelling (LETRS): Spellography for Teachers: How English Spelling Works (Module 3)*. Boston: Sopris West.

28. Henry, M. K. (1988). Beyond phonics: Integrated decoding and spelling instruction based on word origin and structure. *Annals of Dyslexia, 38*, 258–275. https://doi.org/10.1007/BF02648260.

29. Bell, M. (2004). *Understanding English Spelling*. Eastbourne: Gardners Books.

30. Schuster, E. H. (2004). National and state writing tests: The writing process betrayed. *Phi Delta Kappan, 85*(5), 375–378.

31. Hayes, J. R., & Nash, J. G. (1996). On the nature of planning in writing. In C. M. Levy, & S. Ransdell (Eds.), *The science of writing: Theories, methods,*

individual differences, and applications (pp. 29–55). Lawrence Erlbaum Associates, Inc.

32. Kellogg, R. T. (1993). Observations on the Psychology of Thinking and Writing. *Composition Studies, 21*(1), 3–41. 출처: www.jstor.org/stable/43501216.

33. Green, S., & Sutton, P. (2003). What do children think as they plan writing? *Literacy, 37*(1), 1–44.

34. Midgette, E., Haria, P., & MacArthur, C. (2007). The effects of content and audience awareness goals for revision on the persuasive essays of fifth- and eighth-grade students. *Reading & Writing Quarterly, 21*, 131–151.

35. Education Endowment Foundation. (2021). *Improving literacy in key stage 2*. London: Education Endowment Foundation.

36. McCutchen, D., Francis, M., & Kerr, S. (1997). Revising for meaning: Effects of knowledge and strategy. *Journal of Educational Psychology, 89*(4), 667–676. 출처: https://doi.org/10.1037/0022-0663.89.4.667.

37. Pascal, B. (1658). *Les Provinciales, or The Mystery of Jesuitisme*. [Translated into English], second edition corrected, page 292, Letter 16: Postscript [Letter addressed to Reverend 38. Fathers from Blaise Pascal]. Printed for Richard Royston, London.

38. Ray, A., Graham, S., Houston, J., & Harris, K. R. (2016). Teachers' use of writing to support students' learning in middle school: A national survey in the United States. *Reading and Writing: An International Journal, 29*, 1039–1068.

39. Graham, S., & Hebert, M. (2011). Writing to Read: A Meta-Analysis of the Impact of Writing and Writing Instruction on Reading. *Harvard*

Educational Review, 81, 710–744. 10.17763/haer.81.4.t2k0m13756113566.

40. Education Endowment Foundation. (2018). *Metacognition and self-regulation guidance report.* London: Education Endowment Foundation.

41. Troia, G., & Graham, S. (2002). The effectiveness of a highly explicit, teacher-directed strategy instruction routine. *Journal of Learning Disabilities, 35,* 290–305. 10.1177/00222194020350040101.

42. Dear reader, I require a thorough and skilled copyeditor.

43. Quote Investigator (2016). 'No passion in the world is equal to the passion to alter someone else's draft.' 출처: https://quoteinvestigator.com/2016/01/04/editing/.

44. King, S. (2012). *On Writing: A Memoir of the Craft.* New York: Simon & Schuster.

문법 수업

DOI: 10.4324/9781003179962-4

교육계, 나아가 영국 사회 전체를 통틀어 보더라도 문법만큼 학습자에게 두려움, 혐오감, 좌절감을 불러일으키는 영역은 드물다.

교실 밖에서는 문법 지도와 평가를 둘러싼 논쟁이 현대 언어 교육 역사상 그 어느 때보다 치열하게 전개되고 있다. 애석하게도 이러한 논의의 소용돌이 속에서 많은 교사는 자신의 문법 지도력에 의구심을 가진 채로 방황하고 있다.

나를 비롯한 현직 교사들은 대부분 문법 교육을 제대로 받지 못한 세대였다. 이에 우리는 학생들이 접속사나 부사구와 같은 문법 요소에 대해 갑자기 질문하면 당혹스럽고 이를 자신 있게 설명하지 못한다. 나는 학창 시절부터 '문법 지식의 공백(grammar gap)'이 있었으며 영어 교수법을 배운 뒤에도 그 공백은 교원 양성 과정 내내 완전히 메워지지 않았다. 오래전 A레벨의 기초 문법을 가르쳤을 때도 아동의 언어 및 문법 발달, 문법 지식 등에 대한 내용을 독학으로 익힐 수밖에 없었다.

문법 지도뿐 아니라 문법적 선택이 글의 의미나 표현에 미치는 효과를 설명하는 데 어려움을 겪는 교사가 많다.[1] 문법 지식이 상당히 많은 교사라 하더라도 이를 자신 있게 지도하는 교사는 드물다.[2] 이러한 교육 현실은 학생들이 문법을 효과적으로 학습할 많은 기회를 놓칠 수밖에 없다는 점에서 매우 안타깝다.

교육열이 높은 부모조차도 자녀가 문두 부사어(fronted adverbials)에 대해 질문하면 당혹스러울 것이다. 고작 여덟 살이 된 아이가 "아빠, 한정사(determiner)가 뭔가요?"라고 질문할 때 선뜻 대답하지 못해 아이 몰래 인터넷 검색창을 열 수밖에 없는 상황에서 문법 지식을 모르는 자신을 자책하게 되는 것은 당연한 일이다.

이 대목에서 유명 작가들이 "실제로 글을 잘 쓰려면 꼭 문법 지식을 알아야 하나요?"라고 질문한다면, 이는 충분히 타당한 문제 제기일 수 있다. 왜냐하면 문법 지식이 부족했던 윌리엄 워즈워스(William Wordsworth)도 위대한 작가가 될 수 있었기 때문이다. 실제로 그가 자신의 시에 문장 부호를 제대로 넣지 못해 초면이던 화학자에게 대신 넣어 달라고 부탁한 일화가 있다. 이는 위대한 작가라 하더라도 문법 지식이 부족하면 글을 완성하는 과정에서 어려움을 겪을 수 있음을 잘 보여주는 사례다.

그동안 문법 교육의 효용성에 대한 비판은 다양한 관점에서 제기되어 왔다. 문법 교육의 공식적인 형태는 수 세기 전 초기 문법 학교에서 그 기원을 찾을 수 있다. 그 이후로도 문법 교육은 숙련된 필자를 양성하지 못한다는 지적과 동시에, 이른바 '각진 오이(square cucumbers)'[3]만 양산하는 교육의 전형이라는 비판을 받아 왔다. 1960년대까지도 문법 교육은 시대에 뒤처진 교육이며 글쓰기 발달에 도움이 되기는커녕

‘유익하지 않다’[4], ‘시간 낭비에 불과하다’는 인식이 팽배해 있었다. 그런데 최근에 와서 수십 년 동안 외면받았던 형식적인 문법 지도와 평가가 다시금 주목받고 있다. 지난 2013년에 도입된 6학년 대상의 EGPS(English Grammar, Punctuation and Spelling, 문법, 문장 부호, 맞춤법) 시험이 형식적인 문법 교육의 부활을 상징하는 대표적인 사례다. 하지만 이와 동시에 이 시험에 대한 비판적 시각도 있다. 저명한 언어학자 데이비드 크리스털(David Crystal)[5]은 ‘전치사에 동그라미를 치시오’와 같은 유형의 문법 문제가 ‘문법 지식 맞히기(naming of parts)’ 수준의 문법 교육으로 전락시킨다는 점에서 문법 지식이 실제 글쓰기 맥락에서 유의미하게 활용되지 못하는 교육 현실을 비판했다.

학생들은 6학년 때 EGPS 시험을 치른 뒤 학년이 올라가면 GCSE 시험에서 맞춤법, 문장 부호, 문법을 다시 평가받는다. 그런데 문제는 중등학교 교사 중 자신의 교과 수업에서 문법을 적극적으로 지도하는 교사가 드물다는 사실이다. 대다수 교사는 문법 지도 방법을 잘 알지 못하기 때문에 문법 교육이 학생의 문법 오류를 단순히 교정하는 수업으로 축소되기 쉽다. 그 결과, 주요 2단계 학생들은 문법을 힘들게 배워도 중학교에 올라가게 되면 초등학교에서 터득한 문법 지식을 오래 간직하지 못하고 금세 잊어 버리게 된다.

문법 교육의 근본적인 문제는 문법이 어렵고 학문적 이견이 있는 문법 내용을 시험 문제로 내는 데 있지 않다. 오히려 초등 및 중등학교 교사들이 문법을 체계적이고 효과적으로 지도할 수 있는 전문적인 지원이 부족한 교육 현실이 문제다. 문법 지식은 단지 글의 정확성을 높이는 데 그치지 않고 실제 글쓰기에서 창의성과 표현력을 강화하는 토대가 된다. 정확한 문법 지도를 통해 학생들이 문법 지식을 실제 글쓰기에서 적용할 수 있도록 하는 것이 중요하다.

데이비드 디다(David Didau)는 그의 저서 『영어로 의미 만들기』[6]에서 학생들이 글쓰기에서 문법적 표현을 전략적으로 활용할 수 있도록 이끄는 탐구 질문을 제시하였다. 그가 제안한 세 가지 핵심 질문은 다음과 같다.

1. 글쓰기에서 선택할 수 있는 문법적 표현에는 어떤 것이 있는가?
2. 이 문법적 표현을 선택한 이유는 무엇인가?
3. 이 선택이 글의 의미나 독자의 반응에 어떠한 효과를 미치는가?

이러한 탐구 질문은 과학 보고서나 역사 에세이 쓰기와 같은 글쓰기에서 효과적으로 활용할 수 있다. 학생들은 탐구 질문을 통해 단순히 문법 지식을 이해하고 문법 개념을 아는 것을 넘어 실제 글쓰기 맥락에서 문법적 표현의 중요성을 인식하게 된다. 또한 전문 작가가 선택한 문법적 표현 효과를 이해한다면 이를 자신의 글쓰기에서 모방하고 적용해 보고 싶어질 것이다.

무엇보다 중요한 점은 교사가 문법 지도에 자신감을 가질 수 있도록 체계적인 교사 지원이 필요하다. 그래야만 교사가 학생들에게 능숙한 필자의 글쓰기 전략을 더욱 잘 설명하고, 시범 보이고 연습시키며 학생들의 글쓰기를 지원할 수 있다. 예를 들어 음식과 영양소에 대한 설명문 스기 과제에서는 부사를 어떻게 사용하는지 살펴보는 것은 의미 있는 활동이 될 수 있다. 그리고 '빨리' 또는 '천천히' 등의 부사를 사용하여 보다 명확한 의미를 전달하는 방법도 알려줄 수 있다. 또한 음악 수업의 글쓰기 과제에서는 매우 느리게(adagio) 또는 매우 여리게(pianissimo)와 같은 이탈리아어 부사를 사용하여 섬세한 연주 방식을 표현하는 방법도 보여줄 수 있다.

이러한 문법적 선택을 명확하고 정교하게 설명하는 과정이 교사에게 부담스러운 활동이 되어서는 안 된다. 또한 문법 지도는 특정 교과에만 국한되는 것이 아니라 모든 교과 수업에서 자연스럽게 통합 지도되어야 할 기본적인 교수·학습 활동이어야 한다.

효과적인 글쓰기 지도를 위해서는 교사와 학생 모두가 문법 개념을 익히고 문법 사용의 기본 원리를 이해하는 것이 매우 중요하다. 이를 위해 좋은 글쓰기의 바탕이 되는 문법을 구성하는 기본 단위, 즉 단어군(word groups)부터 살펴보기로 한다.

단어군: 문법을 구성하는 기본 단위

문법 수업에서 원리, 규칙, 예외 현상까지 전부 다루려고 한다면 그 범위와 양이 어마어마할 것이다. 실제 수업에서는 교사들이 제한된 시간 내에 문법을 지도해야 하므로, 글쓰기에 실질적으로 도움이 되는 문법의 핵심 요소, 즉 문장의 필수 성분을 중심으로 지도하는 것이 좋다.

문법 교수·학습의 출발점이자 문법 지식의 핵심은 필자가 의미를 전달하기 위해 선택하는 단어이다. 단어는 의미를 전달하는 내용어(Content words)와 문장을 문법적으로 긴밀하게 연결하는 기능어(Function words)로 구분하여 지도하면 효과적이다.

내용어	기능어
명사(예: tree, dog, father)	관사(예: a, an, the)
동사(예: cut, bark, remember)	대명사(예: she, they, we)
형용사(예: green, angry, thoughtful)	접속사(예: and, but, however)
부사(예: nearby, quickly, generally)	전치사(예: after, on, under)
	조동사(예: could, should, might)
	보조 동사(예: be, have, are)

명사와 형용사

문법을 배우려면 품사 중에서 명사(nouns)부터 시작해야 한다. 학교에서 배우는 학문적 개념어는 대체로 '명사성(nouny)'을 띠고 있다. 교과서에는 정보가 집약된 복합 명사구, 예컨대 역사 교과에서는 '산업혁명(Industrial Revolution)', 미술 교과에서는 '아방가르드 운동(Avant-garde movement)', 디자인과 기술 교과에서는 '컴퓨터 지원 제조(computer-aided manufacture)'와 같은 명사성 단어가 자주 등장한다.

따라서 초보 필자에게는 글쓰기를 지도할 때 위와 같은 명사성 단어를 적절하게 나열하여 명사구를 만들어 보게 하면 좋다. 물론 일상 대화에서는 이러한 방식으로 명사구를 만들지 않는다. 예를 들어 '성(a castle)'이라는 단순한 표현을 '우뚝 솟은 노르만 성(a towering Norman castle)'이라는 표현으로 바꿀 수 있다. 여기서 '우뚝 솟은'과 같은 명사를 수식하는 형용사(adjectives)를 선택할 때는 신중하게 고민하고 결정해야 한다. 만약, 형용사를 과도하게 덧붙여서 '높고, 춥고, 습한, 사방이 막힌 노르만 성(a towering, cold, wet, forbidding Norman castle)'과 같은 표현을 사용한다면 문장이 복잡해지고 길어질 뿐만 아니라 오히려 전달하고자 하는 의미를 명확하게 전달하지 못한다.

학교 교육과정에서는 학문적 글쓰기에서 복합 명사구가 핵심적인 역할을 한다는 점부터 가르쳐야 한다. 나아가 교과별 글쓰기에서 요구되는 작문 관습을 익히고 명사와 형용사의 용법을 비교·탐구하는 활동도 효과적인 교수·학습 방법이 될 수 있다. 가령 과학 수업에서 실험 보고서를 작성할 때는 명사구로 된 과학 개념어에 정보가 집약되어 있으므로 굳이 형용사를 사용하지 않는다. 그에 반해 미술 수업에서는 주석을 작성할 때 명사를 사용하여 생생하게 묘사하고, 이에 부합하는 예술적 감성을 섬세하게 드러내기 위해 '역동적인 필선(dynamic brushstrokes)'과 같은 형용사를 사용하는 경향이 있다.

동사

이제, 학문적 글쓰기에서 중추 역할을 하는 동사(verbs)에 대해 살펴보고자 한다.

동사를 단순히 '동작을 나타내는 말(doing word)'로 설명하는 전통적인 방식은 문제가 있다. 왜냐하면 실제로 대부분의 동사가 담고 있는 의미는 '동작'과 거리가 있기 때문이다. 예를 들어 동사에는 '차다(kick)', '먹다(eat)', '달리다(run)'처럼 행위를 나타내는 동사(action verbs)도 있지만, 상태나 존재를 나타내는 동사(state verbs)도 있다. 동사는 일반적으로 네 가지 유형으로 분류할 수 있다.

- **감각 동사**(예: see, smell, hear)
- **인지 동사**(예: believe, remember, know)
- **소유 동사**(예: have, belong, own)
- **감정 동사**(예: love, want, need)

실생활에서 가장 많이 사용되는 동사는 'be 동사(am, are, is, was, being, been)'와 'have 동사(has, had, having)'이다. 이에 비해 '동작' 동사를 사용하는 경우는 비교적 많지 않다. '나는 복싱을 싫어한다'라는 문장을 보고 명사인 '복싱(boxing)'을 동사로 오해하는 학생들이 종종 있는데, 이는 동사를 '동작을 나타내는 말'이라는 오개념을 갖고 있기 때문이다.

교사는 단어에 정확한 문법 용어로 명명하려고 할 때마다 단어마다 적용되는 문법 원리가 다르다는 점 때문에 골머리를 앓게 된다. 가령 'doing word'라는 표현만 하더라도 글쓰기에서는 주로 동사로 쓰이는 'doing'이 형용사로 쓰인다. 이처럼 대다수 학생은 단어가 하나의 품사에만 속한다고 오해하지만 앞의 사례에서 볼 수 있듯이 문맥에 따라 단어의 문법적 기능은 달라질 수 있다. 이를 가르치기 위해서는 수업에서 다양하고 풍부한 예문을 활용하여 동사의 다양한 문법적 기능을 이해시키는 것이 중요하다.

학문적 글쓰기의 문법적 특징 중 하나는 명사화(nominalisation)이다. 이는 동사가 명사형으로 전환되는 현상이다. 다음 두 문장을 읽고, 어떤 문장이 과학 글쓰기에 더 적합한지 판단해 보자.

- 우리는 몸을 식히기 위해 피부를 통해 땀을 흘린다.
- 발한 작용은 체온을 조절하기 위해 표피에서 증발하는 체액이 배출되는 과정이다.

두 문장 중에서 어떤 문장이 '학교식 문장(school sentence)'인지 쉽게 고를 수 있을 것이다. 두 번째 문장과 같이 '땀(sweat)'이 '발한하다(perspire)'로 바뀌고, 동사 '땀 흘리다(sweat)'가 '발한 작용(perspiration)'으로 바뀌는 과정이 명사화의 대표적인 예시이다. 학문적 글쓰기에서 명사 중심 표현이 많은 주된 이유가 바로 명사화 현상에 있다. 그 때문에 학문적 글쓰기에서는 '-ion', '-ance', '-ness'

와 같은 접미사가 붙은 긴 명사성 단어들을 자주 사용한다.

물론 우리는 학생들이 교과서식 문체로만 표현하기를 바라지는 않는다. 그러나 학교에서는 학생들이 자신의 언어로 정교하게 의미를 구성하며 글을 쓰도록 안내해야 한다. 예를 들어 구어적 표현인 '뒤섞다(mix up)'는 '다양하게 하다(to vary)'로, 다시 '다양성(variation)'이라는 명사형으로 사용될 수 있다.

학문적 글쓰기에서 주목해야 할 문법 요소는 조동사(modal verb)이다. 세계의 명소나 과학 실험 또는 역사 속 인물에 대해 글을 쓸 때는 자신의 주장을 확언할 수 없으므로 신중하게 표현해야 한다. 이에 역사 글쓰기에서는 '~일 것이다(could)', '~일 수도 있다(might)', '~일지도 모른다(may)'와 같은 조동사를 자주 사용한다. 예를 들어 역사학자가 농민 봉기(Peasants' Revolt)의 원인을 분석하는 글을 쓴다고 했을 때 자신의 주장을 단정적인 표현보다는 '~일지도 모른다'와 같은 표현을 사용하여 다양한 해석의 여지를 열어둘 것이다.

부사

동사에 세부적이고 구체적인 내용을 덧붙이고자 할 때, 우리는 보통 부사(adverbs)를 덧붙인다. 부사는 동작이 언제, 어디서, 왜, 어떻게 일어났는지를 설명해 준다. 또한 명사나 동사와 달리 각 문장의 모든 자리에 놓일 수 있다. 예를 들어 다음과 같이 부사를 다양하게 배치할 수 있다.

- '*급하게* 그는 책 한 단원을 썼다'
- '그는 *급하게* 책 한 단원을 썼다'
- '그는 책 한 단원을 *급하게* 썼다'

첫 번째 문장에는 종종 비판의 대상이 되기도 하는 문두 부사어가 제시되어 있다. '급하게 그는…'이 그 예이다. 이상의 예문에서 문두 부사어를 살펴보는 것은 어떤 의미가 있을까? 이와 같이 문장에서 문두 부사어를 사용하면 문장 속 주어인 '그'가 책 한 장을 마감해야 하는 긴박한 상황에 놓여 있으며, 그로 인해 '그'가 느끼는 압박감을 자연스럽게 강조하는 효과를 낼 수 있다.

이제 루비(Ruby)처럼 글쓰기를 잘하지 못하는 학생과 함께 기본 문장을 바탕으로 완성도 높은 문장을 구성해 보는 활동을 해 보자. 그녀는 '최소 문장(kernel sentence, 동사 하나만으로 이루어진 기본 문장)'인 '부대가 집결했다(The army assembled)'를 썼다. 이러한 기본 문장을 바탕으로 다음과 같이 문장을 확장할 수 있다.

- '보병 부대가 집결했다': 구체적인 의미를 더하기 위해 명사구를 추가할 수 있다.
- '*난장판인* 보병 부대가 집결했다': 생생한 묘사를 위해 형용사를 추가할 수 있다.
- '난장판인 보병 부대가 *서둘러* 집결했다': 주어의 정확한 움직임을 묘사하기 위해 부사를 추가할 수 있다.

루비의 문장은 단순한 구조지만 문장 내에 정보와 구체적인 표현을 덧붙임으로써 문장의 깊이와 풍부한 의미가 더해졌다. 단어를 추가함으로써 필자의 의도대로 군부대의 무질서한 상황을 생생하게 전달하며 글에 흥미를 더했다.

학생들에게 단어군과 그 문법적 용법을 가르칠 때 문법을 글쓰기의 '족쇄(confining cage)'처럼 강요해서는 안 된다. 문법은 글을 정교하게 다듬는 유용한 도구이다. 지난 2014년에 고시된 영국의 국가 교육과정에서도 문법 지식은 언어를 사용할 때 의식적으로 언어를 선택하고 활용할 수 있는 도구라고 강조한 바 있다.[7] 따라서 교사는 루비와 같은 학생이 글쓰기를 수행할 때 의도적으로 문법 지식을 선택하고 활용할 수 있도록 기회와 연습의 장을 마련해 주어야 한다.

문장 부호를 사용하여 글의 주제를 드러내기

단어를 문장으로 구성하는 작업을 시작하면 문장 부호(punctuation)가 글의 주제를 효과적으로 전달하는 데 중요한 역할을 한다는 사실을 알게 된다. 단어와 구가 문법의 기본 단위라면 문장 부호는 이를 응집시키는 문장의 접착제와 같은 역할을 한다.

아주 단순한 문장이라도 문장 부호는 반드시 필요하다. 문장 부호의 중요성을 잘 보여주는 사례가 있다. 가령 '천천히, 차가 움직이고 있습니다'와 '천천히 차가 움직이고 있습니다'라는 도로 표지판은 콤마 하나에 따라 운전자의 해석과 행동, 더 나아가 운전자의 안전까지 영향을 미칠 수 있다.

문장 부호는 크게 구분 부호(separating punctuation)와 종결 부호(terminal punctuation)로 나눈다.

구분 부호	종결 부호
, 콤마 ; 세미콜론 : 콜론 () 괄호 – 대시	. 마침표 ! 느낌표 ? 물음표

기타 문장 부호
... 줄임표 ' 아포스트로피 " " 따옴표 - 하이픈

문장 부호는 단어의 의미를 완전히 다르게 만들 수도 있다. 철학자 테오도어 아도르노(Theodor Adorno)는 "문장 부호는 언어라는 누비이불을 단단하게 꿰매 주는 바늘땀과 같다"[8]라고 비유하며 문장 부호의 역할을 시적으로 표현하였다.

가장 간단한 인사말인 '안녕하세요'를 예로 들어 문장 부호 사용에 따라 그 의미가 어떻게 달라지는지 살펴보자.

안녕하세요!

안녕하세요?

안녕하세요…

이처럼 간단한 문장도 문장 부호에 따라 의미와 맥락이 달라질 수 있다. 예컨대 느낌표(exclamation)는 문장에 강렬한 감정이나 생동감을 불어넣고, 물음표(question mark)는 화자에게 특정한 행동을 요구하고, 줄임표(ellipsis)는 신비로운 분위기와 함축적 의미를 전달하거나 여운을 남기는 표현으로 독자에게 다양한 해석의 가능성을 남긴다. 이처럼 문장 부호의 선택은 형식적인 규범에만 얽매이지 않는다.

1971년 G.V. 케리(G.V. Carey)는 저서 『마침표에 주의하라(Mind the Stop)』[9]에서 "문장 부호의 약 3분의 2는 규범에 따라, 나머지 3분의 1은 개인적인 취향에 따라 선택된다"라고 말한 바 있다. 이처럼 학생들도 글쓰기 과정에서 문장 부호 규범에 얽매이지 않고, 문장 부호를 창의적으로 활용할 수 있어야 한다. 이러한 접근이 문장 부호 규범을 무시하자는 것이 아니다. 오히려 문장 부호가 필자의 창의적 쓰기 전략으로 기능할 수 있음을 강조하는 것이다.

문장 부호의 용법은 언어의 변천과 함께 발전해 왔다.[10] 문장 부호는 고대 웅변술 및 수사학에서 유래했으며 원래 화자의 일시적인 멈춤이나 호흡의 길이를 표시하는 역할을 했다. 실제로 19세기 후반까지도 세미콜론과 콜론은 구분 없이 사용되었다. 따라서 오늘날 학생들이 세미콜론의 용법에 혼란스러워하거나 '쉼을 나타낼 때 콤마를 사용하라'는 식의 단편적인 조언을 들으면 당황하는 모습은 문장 부호의 역사적 배경을 고려할 때 전혀 이상한 일이 아니다.

실제 교실에서 쉼표를 창의적으로 사용하는 학생은 때로는 칭찬을 받기도 하고 때로는 웃음거리가 될 수도 있다. 쉼표는 단어, 구, 절의 경계를 명확히 하여 독자의 이해를 돕고, 절을 적절한 단위로 나누는 역할을 한다. 절(clause)은 두 가지 유형으로 나뉜다.

- **독립절(Independent clause)**은 주어(명사 또는 대명사)와 동사를 포함하며 그 자체만으로도 완전한 문장이 될 수 있다(예: '제인이 성공하기 위해서는 글쓰기를 계속해야 한다').
- **종속절 또는 비독립절(Dependent 또는 subordinate claus)**은 주어(명사 또는 대명사)와 동사를 포함하지만 그 자체로는 완전한 의미를 전달하지 못하기 때문에 다른 절에 의존해야 한다(예: '제인이 인생에서 성공하고 싶다면').

쉼표의 가장 일반적인 용례를 정리하면 다음과 같다.

콤마의 용법	용례
어구를 열거할 때 사용한다.	나는 파스타, 피자, 라자냐, 라비올리를 좋아한다.
접속사(예: 하지만) 앞에서 두 독립절을 구분하기 위해 사용한다.	나는 파스타와 피자는 좋아하지만, 라자냐와 라비올리는 싫어한다.
문장이 종속절로 시작할 때, 두 절을 구분하기 위해 사용한다.	나는 배가 고플 때마다, 이탈리아 음식을 주문했다.
문장에서 중요한 정보는 아니지만, 부가적인 의미를 덧붙이는 절을 구분하기 위해 사용한다.	매년 12월에 문을 닫는, 그 이탈리안 레스토랑은 여름 내내 성황을 이루었다.
명사에 대해 보충 설명을 하는 삽입구(동격구)를 넣을 때 사용한다.	엘리자베스 1세 여왕, '처녀 여왕'으로 유명한, 그녀는 튜더 왕조 시대를 형성하는 데 중요한 역할을 했다.
직접적으로 호칭하는 대상(호칭어)을 표시하기 위해 사용한다.	내 생각엔, 제인, 당신이 틀렸어. 제인, 나는 당신이 틀렸다고 생각해.
직접 인용을 나타낼 때 사용한다.	제인이 말했다, "나는 이탈리아 음식을 싫어해."

그러나 현대에는 온라인 글쓰기에서 콤마 사용을 꺼리는 경향이 팽배해지고 있다.[11] 지금은 학생들이 콤마 사용을 회피하거나 생략하는 현상도 그리 놀라운 일이 아니다. 실제로 온라인 글쓰기 실태를 대규모로 조사한 연구에 따르면, 열거된 항목의 마지막 항목 앞에 찍는 콤마, 이른바 '옥스포드 콤마'의 사용이 점점 줄어드는 추세를 보이는 것으로 나타났다(예: 학생들은 연필, 펜, 지우개, 가위가 필요하다).

이처럼 두 독립절을 구분할 때 콤마를 사용하는 것은 문법적 오류가 아닌 필자의 선택으로 받아들여지기도 한다. 이는 문장의 명확성을 높이기 위해 콤마를 생략하는 현대적 글쓰기의 경향이다. 따라서 이러한 경향을 학생들에게 소개하고 콤마의 기능과 표현 효과에 대해 함께 논의하며 글쓰기에서 문장 부호를 적절히 선택하는 법까지 지도해야 한다.

또 학생이 자주 범하는 콤마 사용의 '오류'는 바로 '콤마 중첩(comma splice)'이다. 콤마 중첩은 두 개의 독립절을 연결할 때 적절한 접속사를 사용하지 않고 콤마만으로 연결하는 오류이다. '나는 파스타와 피자를 좋아한다, 나는 라자냐와 라비올리를 싫어한다'와 같은 문장이 그 예이다. 이러한 유형의 문장은 대체로 잘못 생각하고 콤마를 선택할 때 보이는 오류이다. 접속사를 추가하거나, 콤마를 세미콜론으로 대체하거나(이에 대해서는 나중에 자세히 설명할 것이다), 두 절을 독립된 문장으로 분리하면 쉽게 고칠 수 있다. 그 예는 다음과 같다.

- **접속사 추가**: 나는 파스타와 피자를 좋아하지만, 라자냐와 라비올리는 싫어한다.
- **세미콜론으로 대체**: 나는 파스타와 피자를 좋아하지만; 라자냐와 라비올리는 싫어한다.
- **문장 분리**: 나는 파스타와 피자를 좋아한다. 그러나 라자냐와 라비올리는 싫어한다.

콤마 중첩은 학생의 글에서 흔히 나타나는 오류이므로 잘못 사용한 사례를 분석하고 위와 같은 사례를 수정해 보는 연습을 해보면 콤마 중첩을 쉽게 교정할 수 있다.

이 책에서는 문장 부호의 용법을 '규범'의 관점에서 접근하고 있다. 하지만 훌륭한 작가는 자신의 문장을 드러내기 위해 문장 부호 '규범'을 의도적으로 위반하기도 한다. 대표적으로 율리우스 카이사르(Julius Caesar)가 남긴 "왔노라, 보았노라, 이겼노라(I came, I saw, I conquered)"와 같은 문장은 콤마 중첩을 활용해 수사적 효과를 높인 예이다. 스티븐 킹(Stephen King)이 "글쓰기는 인간의 영역이고, 편집은 신의 영역이다"라고 한 말도 콤마 중첩을 의도적으로 활용한 것이다. 따라서 글을 잘 쓰지 못하는 학생도 문법 지식을 꾸준히 학습하면 자신만의 문장을 어떻게 만들 것인지 의식적으로 고민하며 문장 부호 '규범'을 깨뜨리는 전략적 선택을 할 수 있다.

문법의 틀을 깨고 문장 부호를 유연하게 사용할 수 있으려면 대시(/, dash)에 대해서도 살펴볼 필요가 있다. 대시는 글쓰기에서 틀릴 일이 거의 없고, 시인이나 능숙한 필자가 즐겨 사용하는 문장 부호 중 하나이다. 대시는 매우 유연하게 사용할 수 있으며(단, 'fast-moving'과 같은 합성어를 만들 때 사용되는 짧은 하이픈과 혼동하지 말 것), 문장 내에서 콤마나 콜론 등으로 대체할 수 있다. 대시는 주로 문장의 흐름을 잠시 끊고자 할 때 사용한다.

나는 대시를 사용하여 절을 명확하게 구분하여 드러내는 글쓰기 방식을 선호한다. 학생들도 문법 지도를 받으면 대시의 매력을 알게 될 것이다. 대시는 학교 교육과정 전반의 다양한 글쓰기 과제에서 자신 있게 사용할 수 있는 유연하고 실용적인 문장 부호이다.[12]

문장 부호에 관한 탐구는 콜론과 세미콜론의 활용법으로 마무리하는 것이 바람직하다. 최근에는 세미콜론의 정확한 사용 여부가 글쓰기 능력의 지표로 여겨지고 있으며 초등학교의 '심화 글쓰기' 요소에도 세미콜론의 사용이 포함되어 있다. 실제로 주요 2단계 글쓰기 평가에서 '세미콜론을 사용하여 글의 완성도를 높이라'는 피드백이 제시되기도 했다. 물론 세미콜론의 사용이 문장 구조 및 수사적 효과에 대한 이해도를 보여주기도 하지만 단순히 평가 기준 차원으로만 강조하면 글의 완성도의 면에서 이를 제대로 평가하지 못할 수 있다.

실제 글쓰기 현장에서는 시험 형식의 글쓰기라는 제한된 평가 기준을 제외하고는 세미콜론은 자주 사용하지 않는다.[13] 미국의 작가 커트 보니것(Kurt Vonnegut)은 세미콜론의 역할은 '대학 졸업자의 글이라는 점을 과시하는 태도'일 뿐이라고 주장하기도 했다.[14] 그러나 교육적 맥락에서 세미콜론을 적절히 사용하면 의미를 명료하게 전달하는 데 효과적이다. 그 예는 다음과 같다.

- 콤마(또는 '그리고'의 사용)는 세부 사항을 열거하거나 각 항목을 명확하게 구분하기 위해 사용한다(예: '교육과정에는 역사와 지리; 미술, 디자인과 기술; 과학; 그리고 공통 과목인 역사와 수학이 포함된다').
- 세미콜론은 두 개의 독립절을 연결하여 두 절 사이의 관계를 보여

준다(예: '그녀는 역사와 미술 과목을 선택했고; 그는 지리와 컴퓨터 과학을 선택했다').

이처럼 콜론과 세미콜론은 정확한 의미를 전달하기 위한 도구이므로, 문맥을 고려하여 신중하게 사용해야 한다. 즉 문장 부호는 문장 간 의미를 자연스럽게 연결하는 글쓰기 전략이다.

콜론은 열거, 예시, 인용문을 나타낼 때 사용하는 문장 부호이다. 그러나 두 독립절 사이에 명확한 대조 관계를 보여주고자 할 때도 활용될 수 있다. 예를 들어 GCSE 종교학 논술 시험에서 '기이한 현상이 과연 신의 존재를 증명하는 것인가'라는 주제로 논증문을 써야 할 때 세미콜론을 사용한다. 즉 '유신론자는 기이한 현상을 신의 존재를 입증하는 증거로 보지만; 무신론자는 기이한 현상을 유연한 사건으로 본다'와 같은 문장을 쓸 수 있다. 이 문장에서 세미콜론 대신 콜론을 사용해도 그와 유사한 효과를 낼 수 있다. 콜론은 세미콜론이 전달하지 못하는 두 독립절 사이의 균형 있는 대조 관계를 더욱 선명하게 드러내는 역할을 한다.

학교 교육과정 전반의 다양한 글쓰기 과제를 살펴보면 문장 부호를 정확하고 창의적으로 사용하는 능력이 글의 수준을 높이는 중요한 요소임을 알게 된다. 서사문이나 묘사문을 쓸 때 다양한 문장 부호를 활용하면 글에 리듬감과 생동감을 줄 수 있다. 반면 분석적인 글쓰기에서는 느낌표나 줄임표처럼 감정을 드러내는 문장 부호를 사용하지 않고 논리적인 항목을 열거하는 데 콜론을 더 많이 사용한다.

학생들에게 문장 부호를 사용하여 글의 주제를 명확히 드러내도록 지도하려면 단순히 잘못 선택해서 쓴 문장 부호만 지적하기보다는 글쓰기 과제와 주제에 적합한 문체를 선택하는 방법을 가르쳐야 한다(문장 부호를 활용한 쓰기 전략은 5장에서 자세히 다룬다).

문법 오류 유형과 수정 전략

교사는 학생들이 글을 쓰면서 다양한 이유로 통일성과 응집성이 떨어지고 있는 현상을 외면해서는 안 된다.

학생들은 자신의 글에 나타난 문법 오류를 세심하게 점검하는 데 다소 소극적이지만 문법적 정확성이 중요하다는 사실은 잘 알고 있다. 또한 문법 오류가 독자에게 글 전체에 대한 부정적인 인상을 줄 수 있다는 점도 잘 알고 있다.[15]

문법 전문가들은 글의 정확성과 일관성을 해치는 주요 문법적 오류 유형을 다음과 같이 제시하였다.[16] 학생들의 글쓰기에서 자주 발견되는 문법 오류의 유형 여섯 가지는 다음과 같다.

1. **문장 파편(불완전한 문장) 오류** 예) Because the queen convinced him to murder.
2. **단수/복수를 나타내는 소유격 아포스트로피 오류** 예) The Kings'_subjects were angry.
3. **콤마 중첩 오류** 예) The experiment was unsuccessful,

the temperature was not controlled adequately.

4. **동사 시제의 불일치 오류 시제** 예) The all-day battle was [과거형] a turning point, but William dies [현재형] weeks later.

5. **이중 부정 오류** 예) There aren't no crystals in the mixture.

6. **주어와 동사의 수 일치 오류** 예) I hope my parents buys me the present I want.

교사는 이러한 오류들을 학생 글쓰기에서 자주 접하다 보면 학생들이 '고유명사에 대문자를 정확히 표기하여 문장을 쓸 수 있다면 얼마나 좋을까' 라고 생각할 수도 있다

그렇다면 학생들이 문법 오류를 줄이고, 글쓰기 과정에서 문법을 전략적으로 선택할 수 있는 언어 인식(language awareness)[17]을 길러주는 교수 전략은 무엇일까?

한 연구에 따르면 여러 단어군과 그 문법적 기능에 대한 지도는 글쓰기 교육과 통합될 때 교육적 효과가 있다고 한다.[18] 데브라 마이힐(Debra Myhill)과 그의 동료는 통합적 문법 교수법의 모범 사례로 LEAD 모델[19]을 제시하였다.[20]

- 문법과 글쓰기의 연계 지도(Link between grammar and writing)
- 구체적인 사례를 통해 문법 개념 설명하기(Explain grammar through examples)

- 실제적인 글을 탐구하기(Authentic texts are explored)
- 문법적 선택에 대해 토론하기(Discussion about grammar choices is undertaken)

LEAD 모델을 적용한 글쓰기 수업 사례를 살펴보자. 지리학이나 역사학 글쓰기에서 명사나 대명사를 보충 설명하는 삽입구(동격구, appositive phrase)를 활용하여 정보를 덧붙이고 내용을 효과적으로 연결한 실제 예문을 탐구해 본다.

· **예문 1**: 1986년 4월 26일, 오늘날 모두가 '체르노빌(Chernobyl)'로 알고 있는 블라디미르 일리치 레닌 원자력 발전소(Vladimir Ilyich Lenin Nuclear Power Plant)의 4번 원자로가 폭발했다.

『우리의 지구를 위하여(A Life on Our Planet)』, 데이비드 애튼버러(David Attenborough)

· **예문 2**: 제2차 세계대전이 발발한 주요 원인으로 거론되는 베르사유 조약은 1919년 6월 28일에 체결되었다.

이 두 예문은 글쓰기에서 동격구를 사용했을 때 나타나는 효과를 보여준다. 애튼버러의 예에서는 독자에게 '체르노빌'이라는 악명 높은 용어를 사용함으로써 그것이 '전환점(aha moment)'이 된 사건임을 각인시켰다. 또한 문장의 마지막 단어를 '폭발했다(exploded)'라는 동사로 마무리하여 사건의 무게감을 더했다(다음 장에서 '문장 끝에 초점을 두는 문장 구성'에 대해 더 자세히 다룰 것이다).

두 번째 예문에서는 동격구를 사용하여 조약의 역사적 의미를 부각하는 동시에 독자에게 단순한 사실, 즉 사건 일자 이상의 의미를 전달하고 있다. 이처럼 동격구는 어떤 문장이든 가치 있는 정보를 덧붙일 수 있는 유연한 표현 방식이다. 동격구는 다음과 같은 다양한 학문적 글쓰기에서 효과적으로 활용된다.

- 체르노빌 원전 사고(Chernobyl), [동격구], 원자력의 위험성을 극명하게 보여주는 사례이다.
- 아돌프 히틀러(Adolf Hitler), [동격구], 1933년에 독일 총리로 임명되었다.

동격구 사용법은 사실 일회적 수업으로 내면화되기 어렵다. 따라서 이러한 문법적 선택 전략을 효과적으로 지도하기 위해서는 교육과정과 수업 설계 차원에서 수업 내용에 통합하고 LEAD 전략을 꾸준히 지도하는 것이 중요하다.

학문적 글쓰기에서의 문법적 선택 전략

학문적 글쓰기에서 활용할 수 있는 문법적 선택 전략은 교사가 직관적으로 알고 있으나 이를 명확한 용어로 정리하여 가르치지는 않는다. 그러므로 학생들에게 글쓰기에 필요한 문법 지식은 암묵적이고 모호한 영역으로 남을 수밖에 없다.

'직접 보면 알 것 같다'라는 식의 어림짐작으로는 문법이나 학문적 글쓰기를 자신 있게 가르칠 수 없다. 학문적 글쓰기에 필요한 일반적인 문법적 선택 전략을 보다 명확히 정의하고 세분화해야 체계적이고 효과적인 글쓰기 지도를 할 수 있다.

다음의 '학문적 글쓰기를 위한 10가지 문법적 선택 전략'이 효과적인 문법 지도의 토대가 될 수 있다.

1. **확장 명사구 사용하기.** 학문적 글쓰기의 특징은 정교한 확장 명사구를 적절히 사용한다는 것이다. 예컨대 역사 글쓰기에서 '맹렬하고 지적인 여왕(a fierce, intelligent queen)'이라고 묘사하고, 미술 글쓰기에서 '2차원적 기법'과 '20세기 추상 화가'라는 문장을 쓸 수 있다. 이처럼 확장된 명사구는 단순히 단어 수를 늘리는 것만 의미하지 않는다. 오히려 명사구를 확장하면 더욱 간결하고 정확한 문장을 만들 수 있다. 예컨대 '매우 덥고 습한 날씨였지만 곧바로 세찬 비가 내렸다'라는 문장은 '고온다습한 상태 이후 급격한 강수가 발생했다'와 같이 간결하고 전문적인 문장으로 바꿀 수 있다.

2. **명사화하기.** 명사화는 학년이 올라갈수록 자주 사용되는 학문적 글쓰기의 대표적인 특징이다. 능동태 동사는 정보를 밀도 있게 담은 명사로 바꿀 수 있다. 가령 '변하다(change)'라는 동사는 '적응하다(adapt)'로, 다시 '적응(adaptation)'이라는 명사로 바꿀 수 있다. 우리는 이처럼 언어의 미묘한 변화를 시범 보일 수 있다. 즉 '동물이 환경에 적응하기 위해 변해야

한다'와 같은 긴 문장을 '적응'이라는 단일 명사로 간결하게 표현할 수 있다.

3. 축약된 동사구 사용하기. 학문적으로 개념을 정확히 명명하기 위해 확장된 명사구를 사용할 수 있듯이, 그와 같은 이유로 모호하고 긴 동사구를 축약할 수 있다. 가령 모호한 두 단어로 이루어진 동사 구문을 다음과 같은 단일 동사로 쓸 수 있다. '찾아내다(find out)'는 '발견하다(discover)'로, '나눠주다(hand out)'는 '배포하다(distribute)'로 바꿀 수 있다. 마찬가지로 강한 동사(strong verbs)를 사용하면 불필요한 부사는 사용하지 않아도 된다. 예컨대 '위협적으로 바라보다(looked menacingly)'는 '노려보다(glared)'로, '신중하게 생각하다(thought carefully)'는 '숙고하다(deliberated)'로 바꾸면 된다.

4. 정제된 동의어 사용하기. 학문적 글쓰기는 정교하고, 품격 있고, 세련된 동의어를 선호할까? 그렇다. 학문적 글쓰기에서 선택된 모든 단어는 글의 문체와 격식에 큰 영향을 미친다. 동의어를 사용하여 글을 써 보는 활동이 주요 1단계의 교육 내용에 포함되어 있다. 학생이 글을 쓸 때 무의식적으로 동의어를 선택해 글을 쓸 수도 있지만 교사가 동의어를 사용하는 법을 명시적으로 지도하고 강조하면 학생들의 동의어 선택 능력이 향상될 수 있다.

5. 문장 연결 표현 사용하기. '문장 연결 표현'의 역할을 하는 접속사는 통일성 있고 잘 짜인 확장형 글쓰기에서 핵심적인 역할을 한다. 학문적 글쓰기에서 접속사의 중요성은 누구나 잘 알고 있으므로 그 중요성을 간과하기 쉽다. 접속사 용법에 대한 적절한 지도를 받지 않으면 글에서 접속사를 생

략하거나 접속사를 사용하더라도 내용을 논리적으로 연결하지 못할 수 있다. 예컨대 '먼저… 다음으로… 마지막으로'와 같은 내용 연결 표현은 학교 교육과정의 논증 및 설명하는 글쓰기에서 주로 사용된다.

6. 잠정적으로 표현하기. 학생들이 글쓰기에 능숙해지면서 역사, 종교, 세계 지리, 문학 글쓰기에서는 자신의 주장을 확고히 드러내기보다는 신중하고 열린 태도로 서술하는 것이 바람직하다는 점을 인식하게 된다. '~일 것이다(could)', '~일 수도 있다(might)', '~일지도 모른다(may)', '~일 수 있을 것이다(should)'와 같은 조동사는 필자의 의도, 주제, 인물의 성격 등을 중립적으로 서술하는 데 효과적이다. 또한 세계 지역에 관한 연구를 하는 지리학자는 '~이 발생한 것으로 보인다(appears to)', '~하는 경향이 있다(tends to)'와 같은 표현을 사용함으로써 지리적 현상에 한 예측과 전망을 드러낸다.

7. 동격구 활용하기. 동격구를 사용하여 명사 또는 명사구에 대한 추가 정보를 제공할 수 있다. 미술 수업에서 예술가를 묘사하는 글을 쓰거나 문학 수업에서 등장인물을 분석하는 글을 쓸 때 주제와 관련한 배경지식을 드러낼 수 있다. 예를 들면 '존 윌리엄 워터하우스(John William Waterhouse)의 《샬롯의 여인(Lady of Shalott)》, 대표적인 라파엘파(Pre-Raphaelite) 회화로서, ~을 묘사한다'와 같이 쓸 수 있다. 또는 동격구를 사용하여 문장의 도입부를 다양하게 구성할 수 있다. 예를 들면, '풍경화의 혁신적 화가, J. M. W. 터너(J. M. W. Turner)는 ~을 그렸다'와 같이 쓸 수 있다.

8. 괄호를 사용하여 부가 정보 삽입하기. 괄호, 대시, 콤마를 사용하여 동격구처럼 정보를 추가하는 방식은 학술 글쓰기에서 자주 사용되는 고급 글쓰기 전략이다. 특히 괄호를 사용하면 대상에 대해 명확히 설명할 수 있다. 예를 들어 '물의 순환(수문 순환)은 물이 이동하는 현상을 말한다'와 같이 쓸 수 있다. 또한 괄호를 사용하여 부가 정보를 삽입할 수 있다. 가령 '메리는 1565년 7월에 로드 단리(후계 서열이 높음)와 결혼했지만 머지않아 별거하게 되었다'와 같이 쓸 수 있다.

9. 우측 분기형 문장. 우측 분기형 문장은 학술 글쓰기에서 가장 보편적으로 사용하는 문장 구조이다. 간단히 말해, 주어(명사)와 동사가 문장의 도입부에 놓여서 기본 의미를 먼저 전달하고, 문장의 오른쪽에 부연 설명하는 세부 정보를 덧붙여서 의미를 자연스럽게 확장시키는 방식이다. 예를 들면 '좁고 긴 배(longship)를 탔던 바이킹은 스칸디나비아의 고향에서 출발하여 수천 마일의 바다를 건너기 위해 노 젓는 힘과 풍력으로 항해하였다'와 같이 표현할 수 있다.

10. 수동태 사용. 학문적 글쓰기에서 수동태 문장이 널리 사용된다. 이는 문장의 주어가 어떤 동작의 대상이 되어 그 작용의 영향을 받을 때 사용하는 문장 형태이다. 과학 글쓰기에서 실험 과정을 설명할 때는 능동태인 '우리는 비커에 용액을 섞었다'라는 문장 대신 '비커 안에서 용액이 섞였다'라는 수동태 문장으로 쓸 수 있다. 이와 같이 수동태 문장을 사용하면 문장의 주체이자 행위자인 학생을 문장에서 생략하고, 동작이 일어난 과정과 그 결과에 초점을 두고 서술함으로써 보다 객관적이고 과학적인 문체로 표현할 수 있다.

학문적 글쓰기에서 적절한 문법적 선택을 할 수 있으려면 충분한 연습이 필요하다. 가령 3학년 학생에게 식물의 생애주기를 설명하는 글쓰기를 지도할 때에는 복잡한 문법 용어를 사용하지 않더라도 학문적 글쓰기의 문장 구조를 명시적으로 시범 보일 수 있다. 반면 고학년 학생에게는 학문적 글쓰기에서 활용할 수 있는 문법적 선택 전략을 명시적으로 설명한 뒤 이를 시범 보이고, 학생이 이를 직접 적용해 보도록 할 수 있다.

학생들은 자신이 읽고 있는 학문적 글에서 나타나는 몇 가지 특징을 발견할 수 있을 것이다. 하지만 그것만으로는 충분하지 않다. 실제로 학문적 글쓰기를 수행하면서 문법적 선택을 해 보고, 이를 수정하고 편집해 보는 일련의 글쓰기 과정을 거쳐야만 문법적 선택 전략을 내면화할 수 있다. 학생들은 자신이 선택한 표현 방식이 교과 학문, 글쓰기 과제, 예상 독자에 맞는지 그 효과성을 파악해 보고 평가하는 연습을 꾸준히 해야 한다. 글쓰기에 어려움을 겪는 학생일수록 이 능력은 더디게 발달한다. 그러나 글쓰기 계획과 연습 활동을 꾸준히 한다면 언젠가는 글쓰기를 성공적으로 수행할 수 있게 된다.

문법 공부는 여기서 끝이 아니다. 이제 문장 쓰기를 배워야 한다.

요약

- 문법 교육에서 '무엇'을, '어떻게' 가르칠 것인가에 대한 논쟁은 교실 현장에서 효과적인 문법 지도 방안을 모색하는 데 오히려 걸림돌이 될 수 있다.
- 대다수 교사가 명시적인 문법 지도에 필요한 지식과 자신감이 부족하다. 그래서 교사는 단편적인 연습 문제 풀이가 아닌 교실에서 이루어지는 글쓰기 활동에 문법을 통합 지도하는 데 어려움을 겪는다.
- 단어군은 문법의 기본적인 구성 요소이고, 문장 부호는 단어들을 유기적으로 연결하는 접착제 역할을 한다.
- 교사는 학생들의 글쓰기에서 자주 나타나는 오류를 인식하고 학문적 글쓰기에 필요한 문법적 선택 전략을 지도할 수 있도록 전문적인 지원을 받아야 한다.
- 문법은 단편적인 연습 문제 풀이가 아닌, 실제 글쓰기 활동에 의미 있게 통합하여 지도해야 한다.

주석

1. Myhill, D., Jones, S., & Watson, A. (2012). Grammar matters: How teachers' grammatical knowledge impacts on the teaching of writing. *Teaching and Teacher Education, 36*(2013), 77–91.

2. Cajkler, W., & Hislam, J. (2002). Trainee teachers' grammatical knowledge: the tension between public expectations and individual competence. *Language Awareness, 11*(3), 161–177.

3. Boechner, V. (2018). The square cucumber: Restoring student autonomy and confidence. *English Journal, 107*(3), 87–93.

4. Braddock, R. R., Lloyd-Jones, R., & Schoer, L. (1963). *Research on written composition*. National Council of Teachers of English.

5. Crystal, D. (2013). On a testing time. 출처: http://david-crystal.blogspot.com/2013/05/on-testing-time.html.

6. Didau, D. (2021). *Making meaning in English: Exploring the role of knowledge in the English curriculum*. Oxon: Routledge.

7. Department for Education. (2013). English Appendix 2: Vocabulary, grammar and punctuation. 출처: https://assets.publishing.service.gov.uk/government/uploads/system/uploads/attachment_data/file/335190/English_Appendix_2_-_Vocabulary_grammar_and_punctuation.pdf.

8. Adorno, T. W. (1990). Punctuation marks. *The Antioch Review, 48*(3), Poetry Today (Summer 1990).

9. Carey, G. V. (1971). *Mind the stop: A brief guide to punctuation*. London:

Penguin.

10. 문장 부호의 명칭도 시간이 흐르면서 변화해 왔다. 오늘날 널리 사용되는 '마침표' 라는 이름은 과거에 '끝(period)' 또는 '온점(full point)'라는 이름과 경쟁해 왔다. 벤 존슨(Ben Jonson)은 마침표를 'prick(찌름점)'이라고 부르기를 선호하기도 했다!

11. Crystal, D. (2015). *Making a point: The pernickety story of English punctuation.* London: Profile Books.

12. 이쯤 되면, 내가 문장에 한 쌍의 대시(- … -)를 사용하는 것을 선호한다는 사실을 눈치챘을 것이다.

13. Crystal, D. (2015). *Making a point: The pernickety story of English punctuation.* London: Profile Books.

14. Vonnegut, K. (2005). *A Man without a country: A memoir of life in George W. Bush's America.* New York: Seven Stories Press.

15. Graham, S., Harris, K., & Hebert, M. A. (2011). Informing writing: The benefits of formative assessment. A Carnegie Corporation Time to Act report. Washington, DC: Alliance for Excellent Education.

16. Williams, J. T. (2014). The Phenomenology of Error. *College Composition and Communication, 32*(2), Language Studies and Composing (May, 1981), 152–168.

17. Denham, K., & Lobeck A. (Eds.) (2010). *Linguistics at School: Language Awareness in Primary and Secondary Education.* Cambridge: Cambridge University Press.

18. Myhill, D., Jones, S., & Watson, A. (2012). Grammar matters: How teachers' grammatical knowledge impacts on the teaching of writing.

Teaching and Teacher Education, 36(2013), 77–91.

19. Chen, H., Myhill, D., & Lewis, H. (2020). *Developing writers across the primary and secondary years: Growing into writing.* Oxon: Routledge.

20. 엑서터대학교(Exeter University)의 유능한 연구진이 LEAD 모델에 대한 유용한 프레젠테이션 자료를 이곳에 무료로 공유하고 있다. 출처: https://socialsciences.exeter.ac.uk/education/research/centres/writing/grammar-teacher-resources/grammaraschoice/thegrammarforwritingpedagogy/

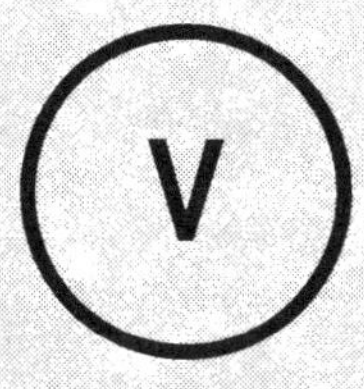

멋진 문장 만들기

DOI: 10.4324/9781003179962-5

문장은 무엇부터 공부해야 할까?

단문 쓰기부터 시작해야 할까? 물론 그렇다. 단문은 글쓰기의 기본이기 때문이다. 그러나 장문 쓰기에도 주목할 필요가 있다. 단어들이 쭈욱 길게 놓인 의미의 흐름을 쫓고 어구를 넘나들며 문장 부호라는 울타리에 갇힌 긴 문장을 들여다보는 것도 좋다.

또한 부사절을 내포한 문장 역시 주목해야 한다. 가끔 문장 중간에 삽입되어 독자를 당혹스럽게 하는 부사절들도 있기 때문이다.

어쩌면 문장에 관한 공부는 논란의 주인공인 문두 부사어부터 시작해 볼 수 있다. 이와 반대로 과감하게 기존 문법 규칙을 깨는 것부터 시작해도 된다.

우리가 실제로 문장을 구성할 때 유용하게 활용할 수 있는 쓰기 전략들은 무궁무진하다. 문장 쓰기는 '작곡의 축소판(composition in miniature)'으로 불릴 만큼 고도의 창의적인 창작 행위이다.[1] 하나의 문장을 제대로 써 보며 연습하는 것이 백 개의 문장을 대충 써 보는 것보다 훨씬 유익하다.

문장을 구성하는 능력은 모든 연령대의 학생에게 중요하다. 문장 구성 능력을 갖추지 못한 학생은 창의적인 글쓰기가 어려울 뿐만 아니라 글쓰기의 가치와 즐거움을 발견하기 어렵다. 글쓰기 교육의 최종 목표는 확장형 글쓰기(extended writing)라는 정교한 과제를 수행하는 것이다. 이러한 과제에서는 문장 간의 응집성이 글의 통일성을 갖추는 데 중요한 역할을 하므로 단락이나 한 편의 글을 쓰는 과정에서 개별 문장 쓰기 훈련은 매우 중요하다.

글쓰기 교육에서 문장 쓰기 훈련은 새로운 교수법이 아니다. 네덜란드의 철학자이자 초기 영어교육의 선구자인 에라스무스(Erasmus)는 1512년에 『풍부함에 대하여(De Copia)』라는 책을 출간했다. 이 책의 제목은 '풍부한 문체(the abundant style)'로 불린다. 그는 저명한 고대 수사학자 퀸틸리안의 영향을 받아 하나의 문장을 무한한 방식으로 변형하고 확장하는 방법을 연구했다.

에라스무스는 '당신의 편지가 저에게 큰 기쁨을 주었습니다'라는 단순한 문장을 무려 147개의 방식으로 바꾸어 표현했다. 다음은 그 일부를 제시한 것이다.

- 당신의 쪽지가 제 기분을 크게 북돋아 주었습니다.
- 사랑이 담긴 편지로 당신에게서 믿기 어려울 정도의 행복을 느꼈습니다.
- 당신이 건넨 한 장의 글이 저에게 낯선 환희를 안겨 주었습니다.
- 당신의 말들이 저에게 최상의 만족감을 안겨 주었습니다.
- 당신의 말들로 더할 나위 없이 기뻤습니다.[2]

또한 그는 문장을 구성하는 데 활용할 수 있는 다양한 쓰기 전략을 제시했다. 또한 글을 잘 쓰지 못하는 학생이 과도하게 '기교적 표현'을 모방하여 글을 쓰게 되는 문제도 우려했다. 그럼에도 그는 이러한 전략적 기법이 학생의 글쓰기 발달에 유용하며 이를 교사가 명시적으로 지도해야 할 핵심 내용으로 보았다. 에라스무스의 '문장을 만드는 백 가지 방법'은 전 연령대 학생에게 유익하며, 다양한 글쓰기 상황에서 창의적인 문장을 구성할 수 있는 글쓰기 전략이다.

초등학교 3학년 영어 수업에서 바이킹의 폭력성을 묘사하는 글을 쓰든, GCSE 화학 수업에서 실험 과정을 필기하든, 문장 쓰기 연습은 복잡한 글쓰기 행위를 보다 단순한 행위로 만들어 준다. 이는 마치 어려운 체스 게임에서 유리한 수를 두는 것과 같다. 문장 쓰기 연습은 음악을 잘하기 위해 음계와 아르페지오(arpeggios)를 반복하여 연습하는 과정과도 비슷하다. 물론 음계 연습만으로 협주곡을 완벽하게 연주할 수는 없지만 음악에서 자주 등장하는 기본 구조를 체득하는 데 도움을 줄 뿐만 아니라 초보자에서 숙련된 연주자로 성장하는 발판을 마련해 준다.

학생들이 자신이 쓴 문장을 수정할 때 맞춤법, 문장 부호, 문법(SPaG)의 오류를 점검하거나 단순히 '글의 분량을 늘려야 한다'라는 피상적인 피드백을 받고 이를 따르는 경우가 적지 않다. 교사가 문장 구성 방식을 명시적으로 지도하면 학생들은 좋은 글의 요건인 문장을 자연스럽게 구성하는 방법을 제대로 익힐 수 있다.

학생들은 매 학기 여러 교과목에서 확장형 글쓰기 과제를 수행하지만 그러다 보면 오히려 방대한 분량의 글쓰기 과제에 압박감을 느낄 수도 있다. 교사 역시 과도한 채점 부담으로 인해 학생 개개인에게 구체적인 피드백을 제공하기 어렵다. 이 때문에 글쓰기에 어려움을 겪는 학생들은 글쓰기 과정에서 늘 해오던 실수를 반복하게 되면서 자연스럽게 자신의 글쓰기 취약점이 쓰기 습관으로 굳어질 수 있다.

문장 쓰기의 핵심은 에라스무스처럼 문장의 미묘한 차이를 인식하는 데 있다. 또한 독자, 목적, 문체, 내용을 고려하여 적절하고 정교한 문장을 구성하는 능력을 기르는 것이 중요하다.

문장 파편을 멋진 문장으로 만들기

이제 문장을 자기 입맛대로 구성할 수 있으려면 다시 문법이라는 주제로 돌아가야 한다.

문장이란 무엇일까? 글쓰기에 관한 수많은 저서에서는 문장을 명확하게 정의하려 했으나 오히려 복잡한 용어와 장황한 설명으로 독자의 혼란만 가중되는 경우가 많았다. 사실, 이 문제는 단순한 관점에서 접근하는 게 더 효과적일 수 있다.

글쓰기 전문가 스탠리 피시(Stanley Fish)는 문장 구성의 기본 구조를 '행위자-행위-행위의 대상(doer – done – done to)'으로 설명했다.[3] 즉, 문장의 중심부에는 주어(행위자), 동사(행위), 그리고 경우에 따라 목적어(행위의 대상)가 있다. 대신에 목적어는 문장 구성에 필수적인 성분은 아니다. 예를 들어 '알렉스가 환호했다'라는 문장은 주어(알렉스)와 동사(환호하다)가 모두 있으므로 완전한 문장의 형식을 갖췄다고 볼 수 있다. 이처럼 간단한 문장은 학생들이 교실에서 자주 사용하는 길고 복잡한 문장과는 다르다. 학문적 글쓰기를 잘 쓰고 싶다면 문장 구성의 복잡한 층위를 이해하는 것이 선행되어야 한다.

먼저, 학생들이 쓴 단문에서 자주 나타나는 오류, 즉 문장 파편(sentence fragment)에 대해 살펴보자. 문장 파편이란 말 그대로 문장의 부서진 조각, 즉 불완전한 문장을 의미한다. 이러한 문장은 일반적으로 주어나 동사가 생략되어 있거나 또는 둘 다 생략되는 경우가 많다. 가령 '수질 오염의 영향 때문에'처럼 종속절만으로 구성된 경우이다. 이 문장을 완전한 문장으로 만들려면 주어와 동사가 반드시 필요하므로 '지역 생태계가 수질 오염의 영향 때문에 파괴되었다'라고 써야 한다.

이처럼 학생들이 쓴 문장을 자세히 들여다보면 문장 속 주어나 동사가 빠져있음을 알 수 있다. 문장 파편의 예를 더 살펴보자.

- '징벌과 진보의 시대' → 동사 추가: '그때는 ~였다'
- '남쪽 부분은 모두 남반구이다' → 주어 추가: '적도에서'
- '잎 뒷면에 있는 기공을 통해 유입된다' → 주어 추가: '이산화탄소는'

학생들이 광합성 과정과 같은 학습 내용을 노트에 정리할 때 위와 같이 단문이나 불완전한 문장으로 쓴다. 이러한 학생들에게 별도로 명시적인 지도를 하지 않으면 계속해서 문장 파편 중심으로 글을 쓰는 나쁜 습관이 형성될 수 있다. 만약 학생들이 종교 과목에서 사후 세계에 대한 논증문 쓰기를 해야 한다면 문장 파편이 아닌 완전한 문장으로 글을 써야만 한다.

한편으로는 장르에 따라 문장 구성 원칙을 의도적으로 위반하는 경우도 있다. 광고에서는 짧고 강렬한 인상을 주기 위해 문장 파편을 적극 활용한다. 가령 '수상하면 신고하세요, 바로 해결됩니다(See it. Say it. Sorted.)'와 같은 유명한 광고 문구가 그 예이다. 서사문 쓰기에서도 주어나 동사가 생략된 표현을 종종 볼 수 있다. 이를테면 '안녕!(Hello!)' 혹은 '출입 금지(Do not enter)'와 같은 표현이다. 그러나 이러한 문장 파편은 학교에서 수행하는 대부분의 학문적 글쓰기에서는 거의 사용하지 않는다. 따라서 교사는 학생들에게 이런 것이 특정 장르에 따른 예외적인 표현 전략임을 지도할 필요가 있다.

멋진 문장을 만들기 위해서는 문장의 완결성뿐 아니라 적합성도 고려해야 한다. 예컨대 '흡연은 살인 행위입니다'라는 두 단어로 구성된 간결한 문장은 독자에게 강렬한 인상을 줄 수 있다. 그러나 여기에 '흡연은 여러 유해한 독성 화학 물질을 뿜어내므로 살인 행위나 다름없습니다'라는 설명을 덧붙인다면 감정적 소구라는 광고의 목적에는 적절하지 않을 수 있다. 하지만 과학적 글쓰기에서는 글의 목적에 부합하고 효과적인 표현이 될 수 있다.

초등학생들은 광고 문구처럼 단순하고 짧은 문장에 익숙해 있다가 학년이 올라가면서 논증 목적의 확장형 글쓰기를 접할 때 광고와 논증문의 글쓰기 방식이 다르다는 점을 인식하지 못할 수도 있다. 따라서 단문을 보다 정교하고 풍부한 문장으로 확장해 나가는 능력을 기를 수 있도록 명시적인 문법 교육이 필요하다.

좀 더 정교한 문장으로 쓰기

학생의 글을 살펴보면 일반적인 문장 구성 방식과 정교한 문장으로 확장하는 방법의 실마리를 얻을 수 있다.

6,000편 이상 학생 글을 표집 분석한 연구에 따르면,[4] 학년이 올라갈수록 평균 문장 길이가 길어지고 다양한 문장 구조를 사용하여 글을 쓴다고 한다.[5] 글쓰기에 능숙한 학생일수록 '그리고'와 같은 접속사에 머물지 않고 더욱 긴 문장을 만들기 위해 '이에 반해', '이뿐만 아니라'처럼 보다 정교한 담화 표지를 사용하여 글을 쓴다. 부사절로 시작하는 문장을 좋은 문장으로 보지 않는 시각도 있지만, 대체로 글을 능숙하게 잘 쓰는 학생은 긴 명사구와 부사절을 적극적으로 사용하여 정교한 문장을 구성한다.

학생들이 쓴 학문적 글의 문장이 길고 복잡한 문장으로 발전하고 있다는 사실이 놀랍지 않은가? 주요 3단계 학생들은 지리학 과목에서 '개발도상국(LEDCs)'을 주제로 '경제 지표(economic indicators)'와 '국내 총생산(gross domestic product)'과 같은 단어를 사용하여 글을 쓴다. 이처럼 학생들은 '명사성' 단어들을 사용하여 긴 명사구를 만들어 문장을 구성해 학문적 글쓰기를 수행한다.

능숙한 필자의 주된 특징은 정확한 의미를 전달하면서도 독창적으로 복합문을 구사하는 능력을 갖고 있다는 사실이다.[6] 이와 대조적으로 미숙한 필자는 복합문을 구성할 때 기본적인 문법조차 적용하지 못하거나 표현력이 부족한 경우가 많다.[7] 글을 능숙하게 잘 쓰는 학생이나 잘 쓰지 못하는 학생 모두 글쓰기에서 단문을 쓰는 데 반해 연령이 높고 글을 잘 쓰는 학생은 단문을 적절하게 배치하여 글의 운율감을 높인다.[8]

또한 글을 쓸 때 복합문 구성에 어려움을 겪는 미숙한 학생이라면 복합문 구조를 세분화하여 단계적으로 설명하는 것이 효과적이다. 일반적인 복합문은 '처음, 중간, 끝'이라는 세 구조로 나눌 수 있다. 예컨대 교사가 '헤이스팅스 전투는 1066년 10월에 발생했다'라는 간단한 문장을 제시한 후 이 문장에 추가 정보를 넣어서 쓴 문장의 예들을 보여주면 학생들의 이해를 도울 수 있다.

처음 부분	중간 부분	끝 부분
1066년 10월에 발생한 헤이스팅스 전투는	, 노르만 정복 역사의 전환점이 되었고,	그로 인해 영국 왕 해롤드 고드윈슨(Harold Godwinson)이 치명적인 죽음을 맞았다.
이스트석세스(East Sussex)의 피로 물든 전장에서	, 1066년 10월에,	노르만 군이 역사적인 헤이스팅스 전투에서 승리를 거두었다.
1066년 10월, 앵글로 색슨 군과 노르만 군은 거의 하루 종일 치열한 전투를 벌였다,	(이 전투는 중세 시내 선생에서 보기 드문 잔혹한 전투였다)	이 전투는 이스트석세스의 피로 물든 전장에서 벌어졌다.

1066년 10월에	, 앵글로 색슨 군과 노르만 군은 거의 하루 종일 치열하게 싸웠다,	그들은 이스트석세스의 피로 물든 전장에서 싸웠다.

문장의 기본 구조에 새로운 절을 추가하면 전투와 역사적 상황에 대한 사실뿐 아니라 그에 대한 논평까지 담아낼 수 있다. 학생들은 '헤이스팅스 전투'라는 문장의 중심 주제를 짚으며 학문적 글쓰기의 문장 구성 패턴을 발견하게 된다. 이를 통해 학생들은 문장의 처음, 중간, 끝에 어떤 내용을 배치할지 판단할 수 있게 된다.

학문적 글쓰기의 핵심적인 문장 구조는 크게 두 가지가 있다. 우측 분기형(right branching) 구조와 문미 초점형(end focused) 구조이다. 우측 분기형 문장은 주어와 동사로 문장을 시작하고, 뒤이어 추가 정보가 오른쪽으로 확장되는 구조를 말한다. 예를 들어 '헤이스팅스 전투는……'으로 시작하는 문장이 우측 분기형 문장에 해당한다. 이러한 구조는 문장의 주어를 파악하기 위해 역추적하며 읽을 필요가 없다는 점에서 명확성과 가독성이 높다. 그에 반해 문미 초점형 문장은 주요 명사나 명사구, 즉 핵심 정보를 문장 끝부분에 배치한 구조를 말한다. 이러한 문장 구조는 독자에게 강한 인상을 남기고 특정 정보를 강조할 수 있다.

데이비드 애튼버러(David Attenborough)의 『우리의 지구를 위하여(Life on Our Planet)』라는 정보 글에서는 다음과 같은 문미 초점형 문장을 볼 수 있다.

이 책은 우리가 어떻게 이토록 중대한 실수를 저지르게 되었는지, 그리고 지금 당장 실천에 나선다면, 그 실천이 이 문제를 어떻게 바로잡을 수 있는지 보여준다.

이상의 문미 초점형 문장은 인간이 지구에 끼친 중대한 실수를 어떻게 '바로잡아야' 하는지를 강조함으로써 독자에게 인간의 도덕적 책임과 실천의 필요성을 인식하게 만든다.

백여 년 전, 자연계의 저명한 과학자인 찰스 다윈(Charles Darwin) 역시 『종의 기원(On the Origin of Species)』이라는 명저에서 다음과 같은 문미 초점형 문장을 통해 독자에게 깊은 인상을 남겼다.

이 생명관에는 장엄한 아름다움이 깃들어 있다. 각양각색의 능력을 지닌 생명체가 처음에는 단일 또는 여러 형태에서 시작해 숨결이 창조되었다. 중력의 법칙에 따라 지구가 자전하면서 가장 아름답고 경이로운 무한한 생명체들이 탄생했고, 현재 이 순간까지도 계속 진화하고 있다.

이 길고 복잡한 문장의 맨 끝에 '진화하고 있다'라는 표현을 배치함으로써 독자의 주의를 끝부분으로 집중시키고 있다. 이상의 예시문은 문미 초점형 문장의 표현 효과를 잘 보여준다.

과학적 현상을 기술하거나 역사적인 사건을 설명하는 길고 복잡한 문장은 문장의 시작과 끝을 어떻게 구성하느냐에 따라 글의 표현력과 전달력이 결정된다. 교사가 우측 분기형 문장 또는 문미 초점형 문장을 정교하게 구성하는 전략을 지도하면 학생들의 문장력과 표현력이 더욱 향상될 것이다.

문장 변형에 대해 지도하기

문장이 간명하고 강렬하든, 복잡하고 묵직하든, 글은 글쓰기의 목적에 부합하느냐가 가장 중요하다.

가령 논증문에서는 짧고 간결한 문장으로 독자에게 강렬한 인상을 줄 수 있으며 복잡하고 긴 문장은 세부 주장이나 근거, 제언 등을 보다 풍부하게 담아낼 수 있다.

글쓰기에서는 최소한의 문장 변형(sentence variation)만으로도 독자에게 깊은 인상을 줄 수 있다. 예를 들어, 내포절을 구분하기 위해 문장 부호를 다양한 방식으로 사용할 수 있다. 다음 문장을 살펴보자.

- 학생들이 - 여느 때처럼 소란스럽게 - 학교 도서관에 도착했다.
- 학생들이, 여느 때처럼 소란스럽게, 학교 도서관에 도착했다.
- 학생들이 (여느 때처럼 소란스럽게) 학교 도서관에 도착했다.

이 세 문장은 사소한 차이처럼 보이지만 대시(-)를 사용하면 문장의 가장 중요한 정보인, '소란스럽게'라는 표현이 한층 강조된다. 반면, 콤마(,)는 상대적으로 강조 효과는 약하고, 괄호( )는 콤마보다 강조 효과는 강하지만 대시보다는 약하다. 괄호는 은밀하게 의미를 전달하여 심지어 감정이나 태도의 의미까지 부가적으로 전달할 수 있다. 이처럼 문장 쓰기 전략이 사소해 보이지만 학생들이 초고를 작성하며 다양한 문장 구조를 적용하고 다듬어 보는 데 유용하다.

그림 5.1을 참고하여 학생들이 실제 글쓰기에서 활용할 수 있는 문장 변형 전략 네 가지를 살펴보자.

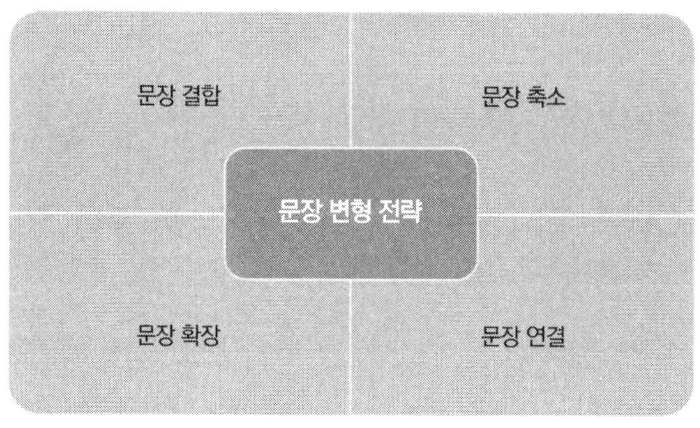

그림 5.1 문장 변형 전략

1. 문장 결합

문장 파편으로 글쓰기를 하지 않는 가장 효과적인 첫 번째 전략은 문장을 결합하는 것이다. 문장 결합(sentence combining)은 글을 잘 쓰지 못하는 학생이 글을 잘 쓰는 학생으로 성장하는 데 효과적인 전략이며 특히 글쓰기 경험이 부족한 학습자에게 더욱 유용하다.[9] 가장 기본적인 방법은 두 문장을 결합해 하나의 복합문으로 만드는 것이다. 간단한 두 예문을 보자.

- 소년은 배가 고팠다. 소년이 피자를 먹었다.

이 두 문장을 다음과 같이 결합할 수 있다.

- 배고픈 소년이 피자를 먹었다.

이제 과학 글쓰기에 사용된 복합문을 살펴보자.

- 생물 군계는 기후 조건이 유사한 지리학적 영역과 야생 생물의 군집을 말한다. 생물 군계의 예로는 사막과 우림이 있다.

위의 두 문장을 다음과 같이 결합할 수 있다.

- 사막이나 우림과 같은 생물 군계는 기후 조건이 유사한 지리학적 영역과 야생 생물의 군집이다.

이처럼 문장에서 동일한 주어인 '생물 군계'를 한 번만 사용하여 의미의 명확성을 유지하면서 문장 결합을 할 수 있고 단어 사용의 경제성까지 확보할 수 있다. 문장에서 동일한 주어를 한 번만 사용하는 방법 외에도 반복되는 동사를 제거하여 한 문장으로 자연스럽게 결합할 수 있다. 다음 예문을 살펴보자.

- 저는 그 알고리즘을 사용했습니다. 제 배우자도 같은 알고리즘을 사용했습니다.

위의 두 문장을 다음과 같이 결합할 수 있다.

- 저와 제 배우자는 같은 알고리즘을 사용했습니다.

여러 개의 짧은 문장을 결합하여 복합문을 만들 수도 있다.

- 지구의 지각은 가장 가벼운 암석층이다. 지구의 여러 다른 층들에 비해 얇다. 두께는 약 5km에서 70km이다.

위의 세 문장을 다음과 같이 결합할 수 있다.

- 지구의 지각은 두께가 약 5km에서 70km로, 지구의 여러 층 중에서 가장 가볍고 얇은 암석층이다.

글을 잘 쓰지 못하는 학생에게 문장 구성 방법을 지도할 때에는 '그리고'와 같은 기본적인 접속사를 활용해 두 문장을 하나로 결합하는 연습부터 시작하게 하면 좋다. 반면 글을 잘 쓰는 학생에게는 여러 개의 짧은 문장으로 이루어진 단락을 제시한 뒤 상황에 맞게 문장 결합 전략을 선택해 한 문장으로 구성해 보는 활동이 효과적이다.

2. 문장 축약

명료하고 짧은 문장의 설득 효과를 다룬 책들이 이미 시중에 많이 출간되어 있다. 그중 벌린 클링켄보그(Verlyn Klinkenborg)는 저서 『짧게 잘 쓰는 법(Several Short Sentences about Writing)』에서 "짧게 쓰면 복잡한 내용을 지적이면서도 흥미롭게 전달할 수 있다"라고 말한 바 있다.[10]

문장이 길다고 해서 반드시 좋은 글은 아니다. 클링켄보그는 작가, 특히 미숙한 필자가 문장을 정교하게 구성하고자 한다면 오히려 실수를 범할 수 있다는 점을 날카롭게 지적한다. 글을 쓸 때 자신이 쓴 글의 문장 하나도 제대로 통제하지 못하면서 지지부진하게 늘리기만 하는 학생이라면 문장 축약 전략을 배우는 것이 글쓰기 능력 계발에 효과적일 수 있다.

문장 축약은 의미를 정확하게 전달할 수 있다. 다음은 늘어진 문장의 예이다.

- 거친 풍파에 시달린 한 청년은 굶주림과 경외심으로 호화로운 연회를 바라보았다.

이 문장은 다음과 같이 축약할 수 있다.

- 힘겨운 소년은 연회장을 굶주린 눈빛으로 바라보았다.

'보라색 천 조각'과 같은 불필요한 표현을 줄이면 문장의 의미를 보다 명확하게 전달할 수 있다.

이제 온라인 뉴스 기후 변화에 대한 기사문에서 발췌한 긴 첫 문장을 살펴보자.

> 그린란드(Greenland)의 광활한 빙상이 급격히 녹고 있으며, 그 양은 이번 주 하루 만에 플로리다(Florida) 전체를 2인치의 물로 덮을 수 있을 정도의 엄청난 양에 육박한다는 연구 결과가 발표되었다.[11]

이 37개 단어로 이루어진 길고 복잡한 문장은 비교적 간단한 수정 작업으로 12개 단어와 20개 단어로 구성된 두 문장으로 나타낼 수 있다.

> 연구진은 그린란드의 광활한 빙상이 급격히 녹고 있다고 보고했다. 하루 동안 사라지는 빙하의 양은 플로리다주 전체를 2인치의 물로 덮을 수 있는 수준이다.

'빙상이 녹고 있다'라는 내용의 간결한 주제문은 독자에게 전달하고자 하는 의미를 담은 문장이다. 즉 주제문을 만드는 법을 익히기 위해 학생들은 디킨스식의 긴 문장(long Dickensian sentences)이나 이와 유사한 문장을 축약하여 의미의 명확성을 높이는 연습을 해 볼 수 있다. 이러한 과정을 거치면 학생들은 군더더기 없이 간결한 문장을 쓰는 훈련을 해 보며 4장에서 다룬 콤마 중첩 오류와 같은 흔한 실수를 줄이는 데도 도움이 된다.

문장을 축약하는 극단적인 방법 중 하나가 긴 글을 '일곱 단어로 요약하는(seven-word stories)' 것이다. 예컨대 프랑켄슈타인(Frankenstein)을 일곱 단어로 요약하여 설명하면 '천재 의사가 생명을 창조하지만 결국 파멸에 이르게 된다'라는 문장이 될 수 있다. 이러한 요약문 쓰기 연습은 다양한 교과목의 글쓰기에서 유용하게 활용될 수 있다. 가령 글쓰기 수업에서 간단한 주제문으로 요약하기, 설득력 있는 한 문장 만들기, 서사문에서 문장 변화 주기 등 다양한 활동으로 적용해 볼 수 있다.

3. 문장 확장

짧고 간결한 문장은 독자에게 강렬한 인상을 준다. 하지만 학술적 글쓰기를 잘하려면 자신의 생각을 분명히 드러내고 다양한 문장 구조를 활용하여 풍부하게 표현할 수 있어야 한다. 문장 결합과 유사한 전략으로 문장 확장(Sentence expanding), 즉 하나의 절에 새로운 절을 덧붙이는 전략이 있다. 이 전략은 의미를 정교하게 전달할 수 있으면서도 글의 논리적 응집성을 강화할 수 있는 방법이다.

대다수의 글쓰기 전문가는 간결하면서도 쉬운 문장의 중요성에 대해 역설한다.[12] 만약 누군가가 '12개의 단어 정도면 충분한데 왜 30개의 단어를 사용하여 문장을 구성해야 하는가?'라고 묻는다면, 아마도 그 사람은 글쓰기의 본질을 탐구할 준비가 되어 있는 사람일 것이다. 그러나 셰익스피어(Shakespeare)의 희곡 『맥베스(Macbeth)』에서 '내일, 내일 그리고 내일(Tomorrow, and tomorrow, and tomorrow)'이 아닌, '내일(Tomorrow)'이라고 표현했다면, 우리 문학이 얼마나 빈곤해졌을지 상상해 보라.

글을 쓰다 보면 세부 정보를 덧붙이거나, 운율을 맞추거나 언어를 통해 감각적 묘사나 감정을 표현하고 싶을 때가 있다. 이럴 때 문장을 확장하고 싶은 마음이 생긴다.

수 세기 전 에라스무스의 문체에서도 문장 확장 전략을 확인할 수 있다. 그의 저서 『풍부함에 대하여(De Copia)』에서는 '그는 완전히 괴물이었다'라는 단순한 문장에 적절한 단어 선택과 문장 구조의 변형을 통해 기본 문장을 확장한 문장이 제시되어 있다. 다음과 같이 기본 문장에 부가적인 절을 덧붙이고 외형적 ·감각적 묘사를 추가함으로써 문장의 주어인 '그'의 괴물성을 강조할 수 있다.

- 그는 학교를 **쿵쾅거리며 돌아다니는** 공포의 화신이다.
- 그는 학교를 **쿵쾅거리며 돌아다니며, 겁에 질린 학생들에게 괴성을 지르는** 공포의 화신이다.
- 그는 학교를 **쿵쾅거리며 겁에 질린 학생들에게 괴성을 지르고, 학교의 평온함을 산산조각 내는** 공포의 화신이다.

영어로 인물 묘사를 할 때는 인물의 세부 사항(예: 배경, 외형적 특징, 분위기, 성격)으로 구체화하여 문장을 확장할 수 있다.

역사적 인물을 서술할 때는 독자의 이해를 돕기 위해 다양한 정보를 담는다. 학생들은 종종 중요 내용을 필기한 후에 이를 바탕으로 정교한 문장으로 확장해 글을 쓸 수 있다. 다음에 제시한 정복왕 윌리엄(William)에 대한 인물 소개문을 살펴보자.

누구? 정복왕 윌리엄

시대? 영국 중세 시대

역사적 의의? 노르만 정복을 주도하고, 봉건 제도를 도입했으며, 영국 문화를 융성하게 함.

역사적 해석? 그는 권력을 무자비하게 행사했지만, 탁월한 통치력으로 유럽 전역의 변혁을 이끎.

이제 이 주요 정보를 바탕으로 복합문을 구성할 수 있다. 이때 한 문장에 과도한 정보를 담지 않도록 주의해야 한다. 학생들은 문장 결합을 할 때 어떤 정보를 결합하고, 이를 어떻게 확장할 것인지를 전략적으로 판단하며 문장을 구성해야 한다. 그 예는 다음과 같다.

영국 중세 시대의 상징인 정복자 윌리엄 왕은 봉건 제도를 도입하고 노르만 정복을 이끌었다. 그는 폭력적이었지만 탁월한 통치력을 발휘했다. 윌리엄의 정복은 단지 노르만 지역에 국한된 사건이 아니라, 유럽 전역의 변화를 상징한다. 따라서 이 역사적 변화를 단순히 '노르만 정복'이라는 협의의 관점에서 해석하는 시각은 재고할 필요가 있다.

문장 축약이든 문장 확장이든, 또는 이 두 가지를 결합하는 것이든, 문장 구성 방식을 모방하여 글을 써 보고 구성한 문장에 대해 토의해 보는 활동은 효과적인 글쓰기 훈련이 될 수 있다.

4. 문장 연결 표현

문장 연결 표현(Sentence signposting)은 고대 그리스로부터 이어져 온 유구한 전통을 지니고 있다. 아리스토텔레스는 수사학과 문법에 관한 초기 저서에서 문장 내, 문장 간의 응집성을 갖추어 글을 쓰는 것이 중요하다고 밝혔다.

오늘날 문장 연결 표현은 이미 널리 알려져 있으며 일상에서도 자연스럽게 사용되고 있다. 교실에서도 FANBOYS(for, and, nor, but, or, yet, so) 또는 WABBITS(when, after, because, before, if, though, since)와 같은 다양한 접속사의 약어를 흔히 볼 수 있다.

또한 『글쓰기 혁명(The Writing Revolution)』의 저자들은 '왜냐하면, 하지만, 그래서'와 같은 문장 연결 표현의 대중화를 이끌었다.

먼저 글쓰기에서 자주 사용되는 문장 연결 표현은 다음과 같이 정리할 수 있다.

수집/순접	대조/역접	원인과 결과	예시/보강	결론
첫째	그러나	~해서 ~했다	예를 들어	끝으로
둘째	하지만	~로 인하여	예컨대	결론적으로 말하면
또한	이에 반해	~ 때문에	가령	요약하면
게다가	반대로	그 결과	특히	결국
덧붙이자면	이와 달리	그리하여	상당히	마지막으로
이와 더불어	한편으로는	만약 ~하면	다시 말해서	마침내
마찬가지로	그럼에도 불구하고	결과적으로	그중에서도	요컨대

글을 잘 쓰지 못하는 학생이 교사의 시범과 적절한 지원 없이 문장 연결 표현의 목록이나 도식에 의존하여 글을 쓴다면 실패할 가능성이 높다.

따라서 교사는 학생 수준과 글쓰기 주제에 맞는 문장 연결 표현을 선별·구성한 후 이를 학생들에게 제공하여 교육적 효과를 높일 수 있다.

- **5학년 수업에서 '교복 착용의 의무화'라는 주제로 균형 잡힌 논증문 쓰기.** 자신의 주장을 입증할 때 '먼저, 그래서, 그 결과' 등과 같은 문장 연결 표현을, 반론을 펼 때 '반면에, 그렇기 때문에, 하지만' 등과 같은 문장 연결 표현을 사용하면 균형 잡힌 논증문을 쓸 수 있다.

- **7학년 디자인 기술 수업에서 '최첨단 신제품'에 대한 기획서 쓰기.** 글의 도입부에서 '우선, 나아가, 그래서' 등과 같은 문장 연결 표현으로 신제품을

소개한 다음, '이 때문에, 이 같은 이유로, 특히' 등과 같은 문장 연결 표현으로 신제품의 특징을 구체적으로 기술할 수 있다.

- **10학년 생물학 수업에서 세포 확산 현상에 대한 요약문 쓰기.** 세포 확산 현상을 소개하는 글을 쓸 때 '먼저, 그래서, 결과적으로' 등과 같이 인과 구조를 드러내는 문장 연결 표현으로 사용하여 도입문을 쓸 수 있다. 이어 폐에서 일어나는 세포 확산 현상의 구체적인 결과를 제시하고자 한다면 '예를 들어, 이 때문에, 결과적으로' 등과 같은 문장 연결 표현을 활용할 수 있다.

교사는 학생들에게 위와 같이 예시문, 교사의 시범, 문장 연결 도식 등의 체계적인 지원을 함으로써 학생들이 문장 연결 표현을 익히고 문장을 논리적으로 구성할 수 있도록 지도해야 한다.

적절한 단어를 선택하여 글쓰기

학생들은 매번 수업에서 수도 없이 글을 쓰며 그때마다 가장 적절한 단어를 찾으려고 애쓴다. 적절한 단어를 선택하여 글을 쓸 수 있으려면 폭넓고 심층적인 어휘 지식이 필수적이다. 그러므로 어휘는 모든 교과 학습과 글쓰기 교육의 핵심 요소이다.[13]

글을 쓸 때 정확하고, 적절하며, 수준 높은 어휘를 선택하지 못하면 문장을 효과적으로 구성할 수 없다. 정교한 어휘를 구사하는 능력은 글의 장르를 막론하고 유능한 필자로 성장하기 위한 필수 조건이다.[14] 학년이 올라갈수록 모든 글쓰기 장르에서 학술 어휘를 사용할 수 있어야 한다. 특히 주요 2단계를 지나 중등학교로 진학하게 되면 학문적 글쓰기에서 학술 어휘의 중요성은 더욱 커진다.[15]

학생들은 시간이 지남에 따라 단어 선택 능력이 발달한다. 학생들은 양질의 글을 꾸준히 읽고, 글쓰기 수업에서 단어 선택을 강조하는 명시적 지도를 받으면서 단어 민감성이 점차 높아진다. 학생들이 단어를 의식하고 인식하면서 문장을 구성할 수 있도록 하려면, 우리가 무엇을 어떻게 지원해야 할까? 또한 글쓰기에서 적절한 단어를 선택하고 문장을 수정하고 편집하도록 돕는 효과적인 방법은 무엇일까?에 대해 고민해야 한다.

이 문제의 해법을 찾기 위해 전문 작가의 조언에만 의존해서는 안 된다. 가령 마크 트웨인(Mark Twain)의 "형용사를 찾아 없애야 한다"라는 유명한 격언은 글을 잘 쓰지 못하는 학생에게 유용한 교육적 조언이 될 수 없다. 특히 초등학교 작문 평가뿐 아니라 GCSE 시험과 같은 글쓰기 상황에서는 전혀 맞지 않는 조언이다.

일부 전문 작가들은 글을 쓸 때 부사나 형용사를 사용하는 것을 비판하기도 하지만 작품에 주석을 달거나 노래 가사를 쓸 때는 오히려 이러한 단어가 꼭 필요하다. 조지 오웰(George Orwell)은 "짧은 단어로 충분히 쓸 수 있다면 굳이 긴 단어를 쓰지 말라"라고 했다.[16] 그런데 여기서 무엇이 '긴' 단어인지는 과연 누가 결정할까? 그러나 실제 학교 글쓰기 상황에서는 긴 단어를 사용하여 글을 쓰는 것이 권장

될 때가 더 많다. 과학 수업에서는 인체에 대한 글을 쓸 때 '땀(sweat)'이라는 단어 대신 '발한 작용(perspiration)'이라는 단어가 적절할 때가 있다. 이처럼 교실에서는 주로 긴 단어를 사용해야 할 때가 많다.

학생들이 글을 쓸 때 적절한 어휘 선택을 하도록 돕는 '만능' 조언은 어디에도 존재하지 않는다. 새로운 학술 어휘를 실제 글쓰기에 적용하기까지는 상당한 시간이 소요된다. 사람의 어휘 지식은 촘촘하게 연결되어 있으며 점진적이고 누적되어 발달한다. 글을 쓸 때 우리말 사전이나 유의어 사전과 같은 도구가 유용하다는 시각도 있지만 이는 다소 낙관적인 기대일 수 있다.

로슬린 페텔린(Roslyn Petelin)은 그의 저서 『글쓰기는 어떻게 작동하는가(How Writing Works)』에서 학생들이 문장을 지나치게 길고 복잡한 어휘로 채우려는 현상을 '유의어 사전 증후군(thesaurus syndrome)'이라고 명명했다. 이 개념은 퀸틸리안이 처음 언급한 '보라색 천 조각(purple patches)'이라는 표현과도 맥을 같이 한다. 유의어 사전이나 우리말 사전에서 그럴듯해 보이는 동의어를 골라 쓰다 보면 오히려 문장이 어색하고 부자연스러워지는 경우가 많다. 예를 들어 한 학생이 사전에서 '침식하다(eroding)'라는 단어의 정의에서 '먹어 치우다(eat away)'라는 표현을 보고 이를 자신의 글에 적용하여 '우리 가족은 음식을 과하게 침식한다'라는 당혹스러운 문장을 쓴 사례도 있다.[17]

'실수(mistake)'라는 단어 하나만 보아도 동의어가 약 100개가 넘는다. 학생이 글을 쓰면서 적절한 동의어를 찾기 위해서는 얼마나 많은 어휘 지식이 필요할지 생각해 보라. 특히 글쓰기를 잘하지 못하는 학생일수록 글을 쓸 때 자신이 잘 아는 단어, 맞춤법을 확실히 아는 단어만을 골라서 글을 쓰는 경향이 있다.

따라서 글쓰기 교육에서는 학생이 적절한 단어를 선택하는 동시에, 해당 표현의 효과를 숙고하고 점검할 수 있는 능력인 '단어 의식(word consciousness)'을 길러주어야 한다. '단어 의식'은 단어에 대한 폭넓은 호기심을 넘어 글쓰기 맥락에 적합한 단어를 선정하여 사용하는 능력, 즉 단어 사용의 민감성을 포함한 의미이다.

학생들이 어휘를 선택할 때 많이 생각하고 반성하는 능력은 다음과 같은 다양한 지도 전략을 통해 함양될 수 있다.

- **'단순함(Simple) ↔ 정교함(Sophisticated)'.** 오웰의 짧은 단어와 긴 단어 선택에 관한 주장을 검증하기 위해 단어 선택의 효과를 비교하고, 단순한 단어와 정교한 단어의 대안을 논의하며, 각 단어로 문장 구성 방법을 시범 보이는 방식으로 지도할 수 있다. 예를 들어 '오래된'과 '고풍스러운' 또는 '묻다'와 '심문하다'와 같이 단순한 단어와 정교한 단어의 표현 효과를 비교해 볼 수 있다.

- **단어 삼중주.** 학생들이 글을 쓸 때 적절한 어휘를 선택하는 단계에서 교사가 비계 역할을 할 세 단어를 선택지로 제공한 뒤에 적절한 어휘를 선택하도록 하면 효과적이다. 이를 통해 학생들은 고쳐 쓰기 전략을 익힐 수 있다. 예를 들어 종교 교과목에서 종교적 신념에 대해 균형 잡힌 논증문을 작성할 때는 쟁점을 '어쩌면', '아마도' , '틀림없이'와 같은 표현을 활용하

여 쓸 수 있다.

- **유의어 사전 달리기.** 학생들은 우리말 사전이나 유의어 사전의 활용법을 교사의 시범을 보며 배워야 한다. 학생들은 서사문 쓰기 과제에서 초고를 고쳐 쓰는 과정에서 수정할 단어 몇 개를 선택해 보는 '유의어 사전 달리기' 활동을 해 볼 수 있다. 이 활동에서는 학생들이 초고에서 수정할 유의어들을 빠르게 선택한 뒤 그 이유를 서로 비교하며 설명한다. 단, '유의어 사전 증후군'에는 빠지지 않도록 조심해야 한다.

- **단어 그라데이션.** 학생들이 유의어 간 미묘한 의미 차이를 인식하도록 돕는 효과적인 방법으로 단어 그라데이션(Word gradients) 활동이 있다. 이 방법은 정반대의 단어 한 쌍을 기준점으로 정한 다음, 단어 의미가 증감하는 순서대로 5~6개의 유의어를 나열해 보는 것이다. 예를 들어 '행복하다' – '기쁘다', '즐겁다', '황홀하다', '우울하다', '낙담하다', '절망적이다' – '비통하다'와 같은 단어들로 이 활동을 해 볼 수 있다.

- **문장 뽑기.** 교과서의 설명 글에서부터 시에 이르기까지 다양한 글을 읽으면서 가장 좋은 문장을 뽑는 활동이다. 이후 해당 문장에서 좋은 어휘를 선정하고, 이에 대해 토론함으로써 단어 인식 능력을 높일 수 있다. 이러한 활동은 글쓰기에 필요한 어휘 지식을 축적하는 데 도움이 된다.

학생들은 독서를 통해 다양한 단어와 표현을 자주 읽지 않으면 글을 쓸 때 적절한 단어를 선택하기 어렵다. 이처럼 풍부하고 폭넓은 독서 경험은 어휘 지식 발달에 도움이 되며 지속적인 영향을 미친다. 특히 어휘를 많이 알면 초고 작성, 고쳐 쓰기 및 편집 단계를 더 능숙하게 할 수 있으며 글의 질을 높이는 데도 도움이 된다.

대체로 학생들은 글을 쓸 때 독서를 통해 읽은 익숙한 표현에 의존하여 글을 쓰는 경향이 있다. 따라서 교사는 학생들에게 진부한 표현과 창의적인 표현의 차이를 강조해야 한다. 단어의 표현 효과를 비교하고 토론해 보는 활동을 해 볼 수 있다. 예를 들어 '절묘하게 균형이 잡힌 상태(finely balanced)'라는 표현과 '감춰진 듯하나 훤히 보이는(thinly veiled)'이라는 표현은 익숙하고 진부한 표현인가? '무관심한 집착(casual obsession)'과 '즐거운 고난(pleasant misery)'이라는 표현은 참신하고 창의적인 표현인가?와 같은 질문을 해 볼 수 있다.

전문 작가는 매력적인 글을 쓰기 위해 은유법(metaphors)과 비유법(analogies)을 사용한다. 제임스 우드(James Wood)는 그의 저서 『소설은 어떻게 작동하는가(How Fiction Works)』에서 은유법, 직유법, 비유법을 '소설 속 작은 폭발(little explosion of fiction)'이라고 표현한 바 있다.[18] 예컨대 글쓰기 수업에서 은유법을 탐구해 봄으로써 학생들의 어휘력을 향상할 수 있다. 또 과학 수업에서는 인간 게놈을 설계도와 레시피 중 무엇으로 비유할 수 있는지에 대해 토론해 보며 과학 주제에 대한 의미 있는 통찰을 이끌 수 있다. 또한 역사 속에는 은유와 비유가 언어 속에 깊이 스며들어 있는 표현이 있다. 중동과 아시아를 서양과 연결한 고대 무역로인 '실크로드'라는 비유적 표현이 그 예이다.

따라서 교사는 학생들이 학문적 글쓰기라는 복잡한 체스판 위에서

한 수 한 수를 능숙하게 두어 문장 하나하나가 신의 한 수가 될 수 있도록 지도해야 한다.

요 약

- 확장형 글쓰기는 고도의 복잡한 글쓰기 행위이므로 다양한 글쓰기 전략을 요구한다. 이에 학생들은 부담 없이 시작할 수 있으면서도 의미 있는 문장 구성 방식부터 단계적으로 연습해야 한다.
- 학생들은 학교에서 글쓰기 과제를 수행할 때 학문적 글쓰기에 적합한 긴 복합문을 자신 있게 구성할 수 있어야 한다.
- 학생들은 주어진 문장을 자유자재로 변형할 수 있어야 한다. 문장 결합, 문장 축약, 문장 확장 전략과 문장 연결 표현을 사용하는 방법을 충분히 연습해 보면서 문장 변형 능력을 키울 수 있다.
- 학생들은 글쓰기에서 정교하고 적절한 어휘를 선택할 수 있어야 한다. 단, '유의어 사전 증후군'에는 빠지지 않도록 주의해야 한다.

주석

1. Flower, L., & Hayes, J. R. (1981). A cognitive process theory of writing. *College Composition and Communication, 32*(4), 365–387. 출처: https://doi.org/10.2307/356600.

2. Erasmus, D. (1978). Copia: Foundations of the abundant style (De duplici copia verborum ac rerum commentarii duo). Craig R. Thompson (Ed.), *Collected works of Erasmus,* Vol. 24. Toronto, ON: University of Toronto Press, 1978.

3. Fish, S. (2012). *How to write a sentence and how to read one.* New York: Harper Paperbacks.

4. Durrant, P., Brenchley, M., & Clarkson, R. (2020). Syntactic development across genres in children's writing: The case of adverbial clauses. *Journal of Writing Research, 12*(2), 419–452.

5. 위의 책

6. Applebee, A. N. (2000). Alternative models of writing development. In R. Indrisano, & J. R. Squire (Eds.), *Perspectives on writing: Research, theory, and practice* (pp. 90–110). International Reading Association. https://doi.org/10.1598/0872072681.4.

7. Myhill, D. (2008). Towards a linguistic model of sentence development in writing. *Language and Education, 22*(5), 271–288. doi:10.1080/09500780802152655.

8. 위의 책

9. Saddler, B., & Asaro-Saddler, K. (2010). Writing better sentences: Sentence combining instruction in the classroom. *Reading & Writing Quarterly, 29*(1), 20–43.

10. Klinkenborg, V. (2013). *Several short sentences about writing.* New York: Vintage Books.

11. Milman, O. (2021). Greenland: enough ice melted on single day to cover Florida in two inches of water. Friday 30 July 2021. *Guardian* 온라인: 2021년 7월 31일에 온라인으로 접속: www.theguardian.com/environment/2021/jul/30/green land-ice-sheet-florida-water-climate-crisis.

12. Orwell, G. (1946). *Why I write.* London: Penguin.

13. Sullivan, A., Moulton, V., & Fitzsimons, E. (2017). *The intergenerational transmission of vocabulary.* Centre for Longitudinal Studies, Working Paper 2017/14.

14. Durrant, P., & Brenchley, M. (2019). Development of vocabulary sophistication across genres in English children's writing. *Reading and Writing 32,* 1927–1953. https://doi.org/10.1007/s11145-018-9932-8.

15. Deignan, A. (2020). The linguistic challenge of the transition from primary to secondary school. Podcast. 출처: https://faculti.net/the- linguistic-challenges-of-the-transition-from-primary-to-secondary-school/.

16. Orwell, G. (1946). *Politics and the English Language.* Penguin Classics. London: Penguin.

17. Miller, G. A., & Gildea, P. M. (1987). How children learn words. *Scientific American, 257*(3), 94–99. 출처: https://doi.org/10.1038/scientificamerican0987-94.

18. Woods, J. (2009). *How fiction works.* New York: Picador.

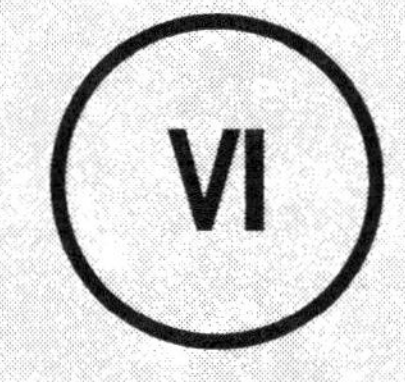

학문적 글쓰기

DOI: 10.4324/9781003179962-6

어떤 글이든 잘 쓸 수 있다면 학교생활은 훨씬 더 즐거울 것이다. 학교 수업에서는 과학 실험 보고서 쓰기, 아마존 열대우림을 설명하는 글쓰기, 고딕 소설(gothic tale) 창작하기 등 다양한 글쓰기 활동이 있다.

그런데 많은 학생이 글쓰기 과제를 힘들어하고 끝내 성공적으로 완수하지 못한다. 그들에게 글쓰기는 마치 '절대로 풀 수 없는 신비하고 숨겨진 암호'와 같다.[1] 학교에서 자주 접하는 학문적 글쓰기의 암호들은 복잡하고 어려워서 학생에게는 큰 도전 과제이다. 교과목마다 고유한 어휘와 문법 패턴, 장르, 요구 사항이 다르므로 학문적 글쓰기는 마치 복잡한 체스 게임과도 같다.[2]

학생들은 여러 교과에서 부과되는 글쓰기 과제와 장르 사이의 공통점을 발견할 수 있다. 초등학교에서 '설명하는 글쓰기' 수업에서 일반적인 방식(예: 문장 연결 표현을 사용하여 응집성 있게 글쓰기)에 대해 배웠으므로 이를 과학적 글쓰기에도 적용할 수 있다. 예를 들어 초등학교 3학년 수업에서는 개화 식물의 발육 과정에 대한 설명문을 쓰고, 고학년에 이르면 A레벨의 체육 시험에서 운동 직후 빠른 회복을 위한 저온 요법(cryotherapy)의 효과를 분석하는 설명문을 써야 한다. 두 글쓰기 과제의 주제와 과제 난도는 달라도 글쓰기 방식에 있어서는 명백한 공통점이 있다. 하지만 학생들은 각 교과마다 사용하는 학문적 언어의 복잡미묘한 차이에 혼란스러워한다.

우리는 모든 학년의 학생이 각 교과에서 능숙한 필자로 성장할 수 있는 최선의 방법이 무엇인지 고민해야 한다.

각 교과의 글쓰기 방식을 이해하기 위해서는 그 교과에서 읽고 쓰는 글을 함께 공유해 보는 과정이 필요하다. 예를 들어 역사 과목에서의 논증 방식은 종교학이나 지리학 과목의 논증 방식과는 미묘하게 다르다. 대다수 학생, 나아가 교사조차도 교과마다 요구하는 논증문이 무엇이며, 또 글쓰기 방식의 차이를 인식하지 못하는 경우가 많다.

그러므로 교사는 다양한 글들을 비교해 보며 각 교과 학문의 글이 지닌 독특한 관습적 특징을 깊이 이해할 필요가 있다. 다음 두 인용문을 읽고 이러한 글들이 학교 교육과정에서 어떻게 다뤄지고 있는지, 그리고 두 글의 목적과 표현상의 차이는 무엇인지 생각해 보자.

> 1. 이러한 차이는 난류성 해류인 멕시코 만류(Gulf Stream)로 인해 발생한다. 편서풍의 영향을 받는 멕시코 만류는 멕시코만에서 시작하여 북동쪽으로 흐르다가 그중 일부가 유럽 쪽으로 유입되면서 북대서양 해류가 된다.
>
> *GCSE 지리학 Edexcel B레벨 교과서*[3]

2. 프레드(Fred)는 나무 뒤에서 밖을 내다보았다. 깊고 진한 달빛이 숲을 비추며 길게 뻗은 그림자를 드리웠고, 그는 바스락거리는 두 그루의 관목만을 볼 수 있었다. '누구세요? 저기 누구 있나요?'

『탐험가(The Explorer)』, K. 런델(Rundell)[4]

1번 글은 지리 교과서에 나오는 지문으로, 자연 지리학 개념을 간결하고 이해하기 쉽게 설명하고 있다. 이 정보 글에서는 '멕시코 만류(Gulf Stream)', '난류성 해류(warm ocean current)', '북대서양 해류(North Atlantic Drift)'라는 명사구를 활용하여 정보를 전달한다. 반면 소설에서 흔히 볼 수 있는 '따뜻한(warm)'과 같은 형용사나 '서쪽에서 부는(westerly)'과 같은 부사의 수사적 표현은 사용하지 않는다.

2번 글은 캐서린 런델(Katherine Rundell)의 모험 소설 『탐험가(The Explorer)』에서 발췌한 것이다. 이 글에서 사용된 다양한 문장 구조와 심상, 화자의 직접 화법은 이야기에서 흔히 접할 수 있는 전형적인 운율과 문체를 잘 보여준다.

이상의 두 인용문에서 알 수 있듯이 정보 글과 소설 장르의 글쓰기에는 몇 가지 중요한 유사점이 있다. 먼저 문장 구조의 유사성이다. 두 인용문의 첫 구절은 간결하고 명료해 독자가 이해하기 쉽다. 이어지는 문장에서는 여러 절로 구성된 복합문을 제시하고 있다. 한편 두 인용문 모두 심상('줄기'와 '길게 뻗은 그림자')을 사용하고 있으나 표현상의 효과는 전혀 다르다. 교과서 지문에서는 멕시코 만류의 원인과 결과를 인과 구조로 전개하고 있으며 각 문장은 멕시코 만류의 움직임을 설명하고 있다. 이와는 대조적으로 캐서린 런델의 소설에서는 여러 절로 구성된 문장을 사용하여 프레드가 느낀 아마존의 으스스한 광경과 소리를 섬세하게 그려내고 있다. 작가는 이러한 표현을 사용함으로써 독자가 긴장감을 놓지 않고 이야기 속으로 몰입하도록 이끈다.

지리 교과서의 글을 읽다 보면 지리학자들이 독특한 글쓰기 관습으로 정보를 전달한다는 사실을 알 수 있다. 지리학은 지질학, 경제학, 정치학, 생물학, 수학 등이 융합된 학문이다. 이처럼 다양한 학문이 응용된 지리학에서는 지식을 구체적으로 전달하기 위해 확장형 글쓰기와 지도 제작법(cartography, 지도의 시각화)을 결합해 제시한다. 학생들이 멕시코 만류를 설명하고 도표로 정리하는 활동은 지리 수업에서 흔히 이루어지는 글쓰기 활동 중 하나이다. '북대서양 해류'와 같은 명사구는 지리학 글에서 자주 볼 수 있으며 이 명사구는 지리학 내용의 주요 요소로도 활용될 수 있다.

또한 학생들이 지리학적 지식을 담은 글을 쓸 때 지리학 분야에서 통용되는 어휘와 문장 구조를 사용할 수 있어야 한다. 예를 들어 GCSE 과정을 이수하는 학생이라면 북대서양 해류가 영국 기후에 미치는 영향에 대해 일상 언어가 아닌 학문적 언어로 설명할 수 있어야 한다. 어떤 학생이 '북대서양 해류가 영국 기후를 따뜻하게 한다'라고 썼다면 내용상 오류는 없더라도 지리학적 이해 수준이 충분히 드러나지 않는 글이라고 평가받을 수 있다. 이와 같이 쓴 학생에게 교사가

'좀 더 자세히 쓰세요'라는 식으로 포괄적인 피드백을 했다면 이는 지리학 분야의 학문적 글쓰기에 필요한 구체적이고 효과적인 피드백을 주었다고 보기 어렵다. 이 상황에서는 문법적 개념어를 사용하여 보다 명확하고 구체적인 피드백을 제공해야 한다. 예를 들어 학생에게 '북대서양 해류'라고 표현한 문장을 '대서양 난류의 연장'이라는 확장된 명사구로 설명하고, 대서양 난류의 영향력을 좀 더 정확하게 표현하기 위해 '현저하게'와 같은 부사적 표현을 추가함으로써 그 영향이 구체적으로 영국 어느 지역에, 어떤 방식으로 미치는지 설명하는 문장으로 '서부 지역의 겨울을 더 온화하게 만든다'라는 절을 추가하도록 피드백을 해줄 수 있다.

앞서 제시한 세 가지 방법으로 학생의 글을 수정한 후에 원래의 문장과 수정한 문장을 비교해 보자.

1. 북대서양 해류는 영국 기후를 따뜻하게 한다.
2. 북대서양 해류는 **대서양 난류의 연장**으로, 영국의 기온을 **현저하게 높여 서부 지역의 겨울을 더 온화하게 만든다.**

지리학 정보 글이든 영어 모험 소설이든, 특정 학문의 글쓰기 관습을 이해하면 각 학문에서 사용하는 '신비로운 암호'를 쉽게 해독할 수 있다. 이것이 바로 '학문적 문해력(disciplinary literacy)'의 핵심이다.

그렇다면 '학문적 문해력'은 무엇이며, 과연 이 개념이 복잡한 글쓰기 과정을 안내하고 글쓰기를 효과적으로 지도하는 데 어떤 역할을 하는지 살펴 보고자 한다.

학문적 문해력은 '교육과정 전반의 문해력을 향상하기 위한 접근법'이다. '문해력'은 원래 모든 교과 학습에 필요한 일반적인 능력이다. 하지만 이와 동시에 교과 고유의 문해력도 필요하다는 점을 간과해서는 안 된다. 즉, 모든 교과의 교사가 학생들에게 각 교과에서 읽고, 쓰고, 효과적으로 소통하는 방법을 지도해야 한다.[5] 학문적 문해력 정의는 교육기금재단(Education Endowment Foundation, EEF)의 보고서인 「중등학교 학생의 문해력 향상을 위한 지도 방안」에서 인용한 것이다. 나는 이 보고서를 로비 콜먼(Robbie Coleman)과 공동 집필하게 된 것을 매우 영광스럽게 생각한다.

교육기금재단의 보고서에서는 학문적 문해력을 하나의 나무 그림에 비유하여 설명한다(그림 6.1 참조). 나무의 뿌리와 줄기는 학생들에게 필요한 일반적인 문해력의 지식과 기능을, 나무의 각 가지는 학교 교육과정에 필요한 교과별 문해력으로 각 교과에서 사용하는 전문용어와 글쓰기 관습을 나타낸다.

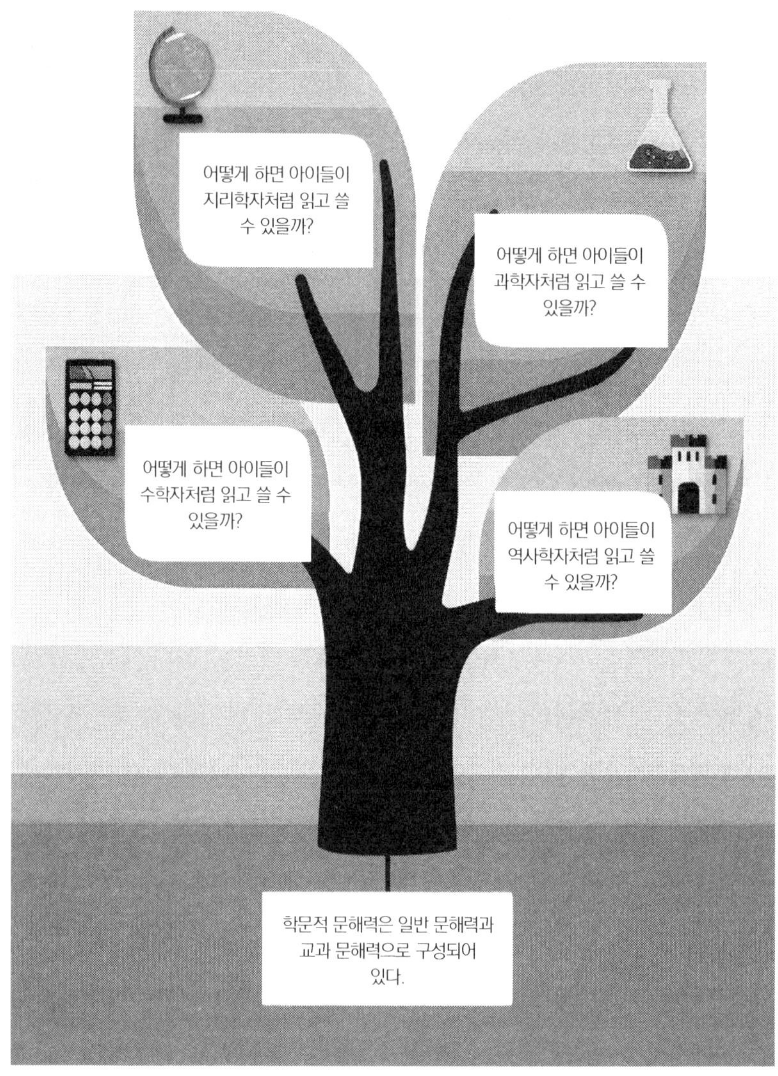

그림 6.1 학문적 문해력

출처: 교육기금재단(2019), 「중등학교에서 문해력 향상을 위한 지도 방안」, 런던: 교육기금재단.

학문적 문해력을 나무에 비유한 그림을 통해 학년이 올라갈수록 교과별 글쓰기 관습이 어떻게 달라지고, 이를 어떻게 효과적으로 계발할 수 있는지 이해할 수 있다. 중등학교 학생이 굵고 튼튼한 가지를 지닌 나무라면, 초등학생은 이제 막 가지가 자라기 시작하는 묘목에 가깝다. 이 묘목의 가지는 가늘지만, 학년이 높아지면서 교과별로 가지가 자라듯, 학생들도 교과 고유의 읽고 쓰는 방식과 언어 관습에 대한 인식이 발달한다.

주요 1단계에서는 학생들이 수행하는 글쓰기 과제, 예컨대 자신의 경험에 대해 글쓰기 또는 이야기 창작하기와 같은 과제는 일반적으로 교과별 배경지식과 언어적 관습이 요구되지 않는다. 이러한 글쓰기 과제는 자기 생각과 경험을 글로 표현하는 데 초점을 둔다.

주요 2단계에 접어들면서 글쓰기 과제는 점점 어려워지고, 교과 특수성이 반영된다. 예를 들면, 학생들은 '레몬에 전기가 통하는 이유'에 대한 글을 쓸 때 '전자(electron)', '전도체(conductor)'와 같은 과학 전문 용어를 사용해야 한다. 이러한 유형의 글은 학생들에게 친숙한 서사문과는 전혀 다른 방식으로 써야 한다.

학생들에게 글쓰기는 본질적으로 도전적인 과제이다. 이에 많은 학생이 글쓰기 과정에서 수없이 흔들리고 좌절한다. 따라서 글쓰기는 일반적인 학문적 글쓰기 관습(예: 필체, 철자, 문장 구성, 목적)뿐만 아니라 교과별 고유한 글쓰기 관습(예: 지리학 글쓰기에서 멕시코만 해류 관련 논의를 분석하는 방법)까지 포괄적으로 지도해야 한다.

교과별 글쓰기

교사가 일반적인 학문적 글쓰기 방식을 이해하면 교과별 글쓰기 방식도 효과적으로 가르칠 수 있다. 또한 교과 내 혹은 교과 간 글쓰기 전략의 차이도 지도할 수 있다.

초등학교 교사는 매번 교과별 글쓰기 방식을 전환하며 지도해야 한다. 이에 반해 중등학교 교사는 특정 교과목을 전담 지도하므로 학생들이 교과별로 글쓰기 관습의 차이로 인해 느끼는 혼란과 부담감을 간과하기 쉽다.

이제 학문적 글쓰기의 사례들을 살펴보면서 이를 어떻게 효과적으로 지도할 수 있는지 함께 알아보자.

과학자처럼 글쓰기

과학은 많은 학생이 어렵다고 느끼는 과목 중 하나다. 과학 공부를 잘하려면 과학에 관한 깊이 있는 배경지식과 과학 분야에서 사용되는 난해하고 추상적이며 전문적인 용어를 바탕으로 글을 쓰는 방법을 제대로 이해해야 한다.

실제로 과학 수업에서 자주 볼 수 있는 문장의 예를 들어 보자. 영국의 저명한 언어학자인 마이클 할리데이(Michael Halliday)는 일상 언어 표현에서부터 전문적인 과학적 표현에 이르기까지 다양한 문장 유형을 분석한 바 있다. 먼저 동사가 많이 포함된 능동태 문장부터 살펴보자.

• 유리는 강하게 누를수록 더 빨리 깨진다.

이 문장을 약간 수정하면 다음과 같은 문장이 된다.

• 유리 균열 성장률은 가해진 응력 크기와 관련이 있다.[6]

두 문장의 차이가 느껴지는가?

두 번째 문장에서는 복합 명사구, 우측 분기형 문장, 수동태 등 학문적 글쓰기의 주요 특징을 확인할 수 있다. 학술 언어는 전문적인 어휘를 사용하며, 일상적인 대화나 친숙한 스토리텔링 방식과는 분명히 다른 특징을 보인다.[7] 과학 글쓰기에서는 '깨지다(cracks)', '누르다(press)'처럼 일상에서 자주 사용하는 동사가 '유리 균열 성장률(glass crack growth rate)', '적용된 응력 크기(applied stress magnitude)'와 같은 복합 명사구로 바뀐다. 이러한 명사화(nominalisation)는 과학 글쓰기의 대표적인 특징 중 하나이다. 이러한 점을 고려할 때 학생들이 과학 분야의 복잡한 글쓰기 관습을 이해하고 이를 자신의 글쓰기에 적용하는 일은 절대 쉽지 않을 것이다.

과학 글쓰기에서는 '1인칭 대명사'나 개인적 관점의 표현을 배제하는 대신 비인칭의 객관적인 서술 방식을 취해야 한다. 예컨대 과학 글쓰기에서는 '우리가 데이터를 분석해 보니 아이들이 설탕을 꽤 많이 섭취한다는 사실을 알게 되었다'와 같은 표현이 아닌, '데이터 분석 결과, 아동의 당류 섭취 수준이 권장량을 초과하고 있는 것으로 나타났다'와 같이 기술해야 한다.

과학 글쓰기에서는 독특한 심상을 사용하거나 형용사를 덧붙여서 독자에게 감동을 주려 하지 않는다. 즉, 표현의 참신성보다는 정확성과 명료성이 요구된다. 예를 들어 GCSE 과학 시험에서 '증기(vapour)' 대신 '증발된 물(evaporated water)'이라는 부적절한 표현을 사용했다면 이는 감점의 대상이 될 수 있다.[8]

그러나 글을 쓸 때 과학 시험의 제한적인 평가 준거를 기준으로 삼아 '과학자처럼 글쓰기'를 정의하는 태도는 경계해야 한다. 과학 시험에서 완전한 문장이나 문장 연결 표현을 사용하지 않고 글머리 기호를 사용해 답안지를 작성하는 경우가 많다(실제 고학년 학생들이 시험 답안을 작성할 때 글머리 기호를 자주 사용함). 이러한 글쓰기 방식은 수많은 GCSE 과학 시험지를 채점해야 하는 교사의 입장에서 오히려 만족스러울 수 있다. 하지만 이런 글쓰기 방식은 학생들이 교실 안팎에서 과학자처럼 사고하고 탐구하는 능력을 기르는 데는 오히려 걸림돌이 된다.

과학 글쓰기에서는 '~로 인하여', '~때문에', '그래서'와 같은 문장 연결 표현을 활용하면 주요 개념 간의 '인과(cause and effect)' 관계를 명확히 드러낼 수 있다. 예컨대 생물학 글쓰기에서 '운동으로 근육 호흡이 증가하게 되면 1형 당뇨병 환자의 혈당 수치가 감소한다'라는 문장을 쓰면 인과 관계가 명확하게 드러난다.

분류(Classification)는 과학 지식을 체계적으로 정리하는 데 필수적인 전략이다. '구성하다', '포함되다', '그 예로~'[9]와 같은 표현은 동물계에서 '척추동물(vertebrates)'과 '무척추동물(invertebrates)'로 분류하거나, 화학 주기율표에서 '금속(metals)', '비금속(non-metals)', '준금속(metalloids)'으로 분류할 때 유용하게 사용된다. 이처럼 과학 글쓰기에서는 이러한 핵심 명사를 응집성 있게 나타내야 하므로 학생들은 교사의 구조화된 글쓰기 시범을 보면서 체계적인 문장 구성 방식을 익혀야 한다.

과학 글쓰기에서는 겉으로는 사소해 보이는 전략이 실제로는 학생 글쓰기를 지원할 뿐만 아니라 학생들이 과학 글쓰기라는 장르에 익숙해지도록 돕는다. 예를 들어 과학 실험 보고서를 쓸 때 '추정하다(calculate)', '붓다(put)', '추가하다(add)', '젓다(stir)', '기록하다(record)'와 같이 강한 동사를 사용하면 실험 절차를 정확하게 기술하는 데 도움이 된다. '플라스크에 50㎤의 염산을 붓는다' 또는 '계량 실린더를 사용하여 묽은 염산 50㎤를 삼각 플라스크에 추가한다'와 같은 문장처럼 강한 동사를 사용하면 실험 절차와 의도를 명확하게 전달할 수 있다.

따라서 교사는 학생들이 학문적 글쓰기 전략을 익힐 수 있도록 모범문과 결여문을 예시로 보여주고 비교하며 지도해야 한다. 과학적 글쓰기도 마찬가지이다. 이에 교사는 실험 보고서 쓰기나 이와 유사한 글쓰기를 지도할 때 이러한 과학적 글쓰기 전략을 명시적으로 설명해야 하고 다양한 글쓰기 전략들의 표현 효과에 대해서도 지도해야 한다.

미술가(또는 디자이너)처럼 글쓰기

우리는 흔히 미술 및 디자인 활동을 물감이나 도구를 사용해 작품을 창작하는 일처럼 여기지만, 학교에서 미술과 디자인 과목을 잘하기 위해서는 상당한 수준의 글쓰기 능력이 필요하다. 미술 및 디자인 분야에서는 독특한 글쓰기 관습이 있다. 예를 들어 과학 분야의 글쓰기에서는 형용사나 부사의 사용을 자제해야 하지만, 미술 및 디자인 분야의 글쓰기에서는 형용사나 부사를 적극적으로 사용하여 표현에 생동감을 주어야 한다.

자신의 예술 작품에 대한 주석(annotation)을 달 때는 예술적 통찰력, 세심한 관찰, 독창적인 감식안을 담아야 한다. 그런데 대다수 학생은 예술 분야의 글쓰기 장르인 주석 쓰기를 체계적으로 배우지 못하는 상황에 놓여 있다. 그래서 학생들은 훌륭한 작품에 달린 주석들을 보면서도 이를 효과적으로 쓰는 법을 제대로 알지 못한다.

교사는 주석 쓰기를 지도하기 위해 글쓰기 전략을 다음과 같이 세분화할 수 있다. 이를 지도하여 학생들이 주석을 쓸 때 단어만 있고 내용은 없는 주석이나, 알맹이 없이 장황하게 늘어놓는 주석이 아니라 신중하게 구성한 표현을 사용해 주석을 쓰도록 지원할 수 있다.

- **세 단어로 요약하기.** '초기 아이디어 구상', '음의 공간 탐구', '어두운 단색 계열의 색조'와 같이 동사와 확장된 명사구를 결합하여 세 단어로 된 문구를 활용하도록 지도한다.

• **예술 형용사 사용하기.** 예술 작품이나 디자인 제품을 설명하려면 작품의 특성을 형용하는 언어가 필요하다. '조화로운', '장식적인', '우아한', '절충적인' 등의 다양한 형용사를 시범 보이며 예술적 글쓰기를 지원할 수 있다.

• **행위를 묘사하는 부사.** 주석에서는 종종 작품의 예술적 속성을 표현하거나 평가하는 문장이 자주 등장한다. '부드럽게', '역동적으로', '힘차게', '속도감 있게' 등의 부사를 사용하면 작품의 창작 과정을 생동감 있게 표현하고 평가할 수 있다.

• **문장 연결 표현 'So that' 구문을 사용하기.** 미술과 디자인에서 유용한 문장 연결 표현은 'So that' 구문이다. 이 표현은 창작 의도를 드러내는 문장을 구성할 때 효과적인 비계가 될 수 있다. '…때문에, …했으며, 전체적으로는 …을(를) 표현했다', '먼저 …했고, …하도록 했으며, 그 결과 …이(가) 되었다', '처음에는 …했고, …하기 위해서 …을(를) 표현했으며, …하게 되었다'와 같은 표현이 있다.

• **평가적 구문 활용하기.** 학생들은 창작 활동 자체는 즐기지만 자기 작품을 평가하는 일에는 어려움을 느끼는 경우가 많다. 반성적 사고 과정을 도울 수 있는 간단한 구문으로 '나는 …(이)라고 판단했다', '이 창작물은 성공적으로 …을(를) 구현했다', '되돌아보면…', '다시 숙고해 보니…'와 같은 표현의 도움을 받으면 자기 작품을 평가하는 글을 쉽게 쓸 수 있다. 디자인 작업에 대한 지침서나 자기 평가 글은 대체로 정형화된 문장 구소를 요구하므로 처음에는 이러한 구조화된 표현을 비계로 활용하다가, 점차 목적에 맞게 변형한 뒤, 점점 이와 같은 표현의 의존도를 줄이면서 자신만의

독창적인 표현으로 글을 쓸 수 있게 된다.

미술과 디자인을 전공하는 학생들은 자기 작품뿐 아니라 타인의 작품에 대해서도 비평할 수 있어야 한다. 예술 작품의 비평문을 쓸 때 선, 형태, 톤, 색상, 패턴, 구성 등 예술적 속성을 설명하는 전문 어휘를 적절히 활용할 수 있어야 한다.

글을 잘 쓰지 못하는 학생들은 자기 작품을 시각적으로 잘 표현하지만, 특정 작품이나 디자인을 선택한 '이유'나 이를 구현한 '방법'에 대해 설명하는 것은 어려워한다. 이럴 때는 '인과 관계'를 드러내는 문장 연결 표현을 활용하면 효과적이며 이러한 표현은 예술 작품의 비평문을 쓸 때도 유용하다. 그 예는 다음과 같다.

- "나는 [형식적 요소](을)를 사용하여 …(을)를 표현했으며, 이에 …하게 되었다."
- "나는 …때문에 [형식적 요소](을)를 활용했으며, … 효과가 나타났다."
- "이 작품은 …(을)를 위해 [형식적 요소](을)를 포함하고 있으며, 전체적으로 … 효과를 보여준다."

학생들은 작품 설명문(gallery label)을 써 보며 예술가, 작품, 기법에 대한 배경지식을 자연스럽게 쌓을 수 있다. 작품 설명문은 갤러리 벽면에 전시된 예술 작품을 간결하고 명료하게 설명하는 글이다. 이러한 글을 쓰면서 학생들은 예술 관련 배경지식을 쌓고 전문 용어에 친숙해질 수 있다. 작품 설명문의 기본 구조는 다음과 같다.

1. 작가 및 작품(연도): XXXXX, XXXXX (연도)
2. 작가 약력: XXXXX
3. 예술 운동과 예술적 영향: XXXXX
4. 형식적 특징: XXXXX

다음은 작품 설명문의 예시이다. 다음 글에서 사용된 글쓰기 전략을 생각해 보라.

> 노르웨이 출신의 다작 화가인 에드바르 뭉크(Edvard Munch)는 불안이라는 주제를 상징적으로 표현한 대표작 『절규(The Scream)』로 널리 알려져 있다. 그의 파격적인 표현주의 작품들은 질병, 감정, 죽음을 주된 소재로 다룬다. 그의 작품에서는 불꽃을 연상시키는 밝은 색채, 대담한 붓질, 그리고 곡선 구도가 어우러져 무질서의 감정을 효과적으로 전달한다. 특히 곡선 형태로 그려진 비명을 지르는 인물은 배경과 혼연일체가 되어, 마치 그 비명이 자연을 갈라놓는 듯한 강렬한 인상을 준다.
>
> *『절규(The Scream)』(1893), 에드워드 뭉크(Edvard Munch)*

이 설명문에는 '다작의(prolific)', '파격적인(innovative)', '무질서의(chaotic)'와 같은 예술 형용사와 '노르웨이 출신의 다작 화가인'

과 같은 부사적 표현이 사용되었다. 또한 '비명이 자연을 갈라놓는 듯한'과 같은 직유법과 '질병, 감정, 죽음'과 같은 삼항구를 사용하여 작품 세계를 섬세하면서도 인상 깊게 서술하고 있다.

교사는 수업에서 이처럼 간결한 작품 설명문을 50~70개의 단어 안팎의 문장으로 구성해 보는 글쓰기 활동을 해 볼 수 있다. 이 과정에서 학생들은 예술 관련 전문 용어를 익히고 미술 및 디자인 글쓰기에 필요한 글쓰기 전략을 연습해 볼 수 있다. 이러한 활동은 미술 작품을 보다 깊이 이해하고 기억하는 데 도움이 되며 나아가 예술가처럼 글을 쓸 수 있게 된다.

역사가처럼 글쓰기

역사 글쓰기는 폭넓은 역사 지식, 시대를 아우르는 개념 이해, 풍부한 어휘력, 다양하고 복잡한 작문 장르에 대한 친숙함을 요구하는 고난도 과제이다. 한마디로 말해, 역사 글쓰기는 만만치 않다!

역사는 단순히 왕과 왕비의 연대기로 여기는 고정관념과는 다르게 역사 안에는 상반된 해석들이 매우 복잡하게 얽혀 있다. 이에 글을 잘 쓰지 못하는 학생은 역사 글쓰기를 '좀처럼 손에 잡히지 않는(slippery and elusive)'[10] 과제라고 느낄 수밖에 없을 것이다.

초등학교에서는 비교적 개인적인 일화나 누구나 접근하기 쉬운 '이야기 쓰기' 위주로 역사적 글쓰기를 수행한다. 하지만 중등학교에 진학하면 보다 정교하고 추상적인 논증문을 써야 한다.[11] 예컨대 초등학생은 런던 대화재 사건이 일어날 당시 새뮤얼 피프스(Samuel Pepys)가 파르메산 치즈를 땅에 묻었다는 일화를 이야기 형식으로 쓰지만, 중등학교에서는 '17세기 종교가 의학 발전을 저해했는가?'라는 주제로 확장형 에세이를 쓰게 된다. 여기서 문제는 학생들이 이전에 써 오던 글쓰기 방식과 역사가처럼 쓰는 방식의 차이를 인식하지 못한 채 글을 쓰게 된다는 데 있다.

예컨대 중학교 2학년 학생은 화약 음모 사건(Gunpowder Plot)에 대해 조사한 내용을 바탕으로 교사의 단계적 안내를 받으며 역사적 사건을 설명하는 기사문을 쓰게 된다. 이때 학생들은 자신에게 익숙한 글쓰기 방식인 서사의 방법으로 사건의 전개 과정을 서술한다.

하지만 주요 3단계에서는 학생들이 화약 음모 사건에 대한 상반된 관점과 해석을 비교하고 쟁점을 탐구하여 글을 써야 한다. 이러한 글을 쓸 때는 사건이 발생한 배경, 사건이 미친 사회적 영향, 사건에 대한 윤리적 판단 등을 포함한 필자의 역사적 관점과 해석이 반영되어야 한다. 또한 학문적 글쓰기 요소도 포함되어야 한다. 학문적 글쓰기는 추상적인 글이므로 일상 경험을 기술하는 방식과는 분명 차이가 있다. 따라서 학생들은 학문적 글쓰기가 더 어렵다고 느낄 수밖에 없다.

학생들이 역사학자처럼 글을 읽고 쓰는 방법을 이해하게 되면 '왜냐하면'이나 '그래서'와 같은 단순한 접속어보다는 더욱 정교하고 고차원적인 표현을 사용해 글을 쓰게 된다. 역사학자들은 역사적 사건을 'X는 Y를 초래했다. 왜냐하면…'과 같이 무비판적이고 단편적인 서술을 하지 않는다. 그들은 사건 원인이 근본 원인인지, 변화의 기폭

제인지, 도화선인지, 전제 조건인지, 직접적인 원인인지 등의 다양한 관점에서 사건의 인과 관계를 상세히 밝히며 서술한다.[12] 역사학자는 사건의 인과 관계를 서술하기 위해 '왜냐하면'이라는 표현 대신 보다 정교한 표현을 사용하여 글을 쓴다. 예컨대 'X는 Y사건의 발생을 예고하는 구조적 배경으로 작용하였다' 또는 'X는 Y사건의 발생 가능성을 높인 잠재적 요인이었다'와 같은 표현은 역사적 맥락에서 사건의 '의미', 그리고 그 사건이 초래한 '변화'와 같은 복잡한 인과 관계를 탐구하는 역사학자의 사고방식과 태도가 반영된 것이다.

초등학교 단계까지는 간단한 문장 연결 표현을 익히는 것이 글쓰기에 도움이 된다. 그러나 학년이 올라갈수록 한층 심화된 역사 글쓰기 과제를 수행할 수 있으려면 역사를 다룬 수준 높은 글을 충분히 읽어야 하고 다양한 글쓰기 전략까지 터득해야 한다. 이 과정에서 학생들은 역사적 기록과 논증문을 쓰는 능숙한 필자로 성장할 수 있다.[13] 이를 위해 양질의 읽기 활동에 중점을 두는 교사는 초등학교 교육과정의 이야기 글쓰기와 중등학교 교육과정의 역사적 논증문 쓰기를 자연스럽게 연결하는 가교 역할을 하는 것이다.

존 해처(John Hatcher)의 『흑사병: 위기에 놓인 한 마을에 대한 진솔한 이야기(The Black Death: The intimate story of a village in crisis, 1345~1350년)』와 같은 글은 역사적 사건을 토대로 재구성된 반허구적인 이야기로,[14] 학생이 당시의 시대적 배경을 친숙하게 느끼고 몰입하여 읽을 수 있다는 점에서 비교적 진입 장벽이 낮은 글이다. 이러한 글은 연대기적 개인 서사를 통해 역사적 맥락을 생생하게 전달하며 사건이 박진감 있게 전개된다. 학문적 글쓰기를 수행할 때도 상반된 역사적 주장을 제시하고 강한 동사(strong verbs)를 활용하면 글의 설득력을 한층 높일 수 있다.

- 주장을 나타내는 동사: '제안하다', '단언하다', '믿는다', '강조하다', '시사하다', '주창하다'
- 동의를 나타내는 동사: '지지하다', '지원하다', '입증하다', '인정하다', '확증하다'
- 주장에 반박하는 동사: '일축하다', '반박하다', '거부하다', '부인하다', '부정하다'

역사적 글쓰기는 단순히 몇 개의 단어를 나열하거나 5단락 형식의 에세이 수준을 훨씬 뛰어넘는 다면적이고 복합적인 글쓰기에 속한다. 따라서 역사적 글쓰기 방식을 하나의 쉬운 공식으로 단순화할 수 없다. 역사적 글쓰기는 이야기 쓰기와 논증하는 글(노트 필기 포함)쓰기가 결합된 복합적인 장르이다. 그러므로 학생들은 이러한 글을 쓸 때 여러 장르의 글쓰기 방식을 자유롭게 넘나들며 쓸 수 있는 역량을 갖추어야 한다. 이를 위해 교사는 학생들이 다양한 장르의 특성과 글쓰기 관습을 이해하고 장르 간 차이점과 공통점을 명확히 인식할 수 있도록 명시적이고 체계적인 지도를 해야 한다.

지리학자처럼 글쓰기

이제 다시 지리학자처럼 글쓰기로 돌아가 보자.

먼저, 여러분이 잘 아는 세계의 주요 도시를 떠올려 보자. 그곳은 지역적 도시인가? 아니면 국제적인 도시인가? 개발도상국인가, 신흥국인가, 선진국인가?

이제 이 도시들이 직면한 몇 가지 과제를 분석해 보자. 탈산업화가 되었는가? 지속 가능한 천연자원을 보유하고 있는가? 환경 문제는 어떠한가? 지정학적으로 중요한 위치를 점하고 있는가?

이처럼 복잡하고 변화무쌍한 세계의 한 지역을 간결한 문단으로 평가하는 일은 지리학자에게 자주 주어지는 과제다. 특정 지역의 사례를 분석하거나 평가하는 연구보고서, 즉 지역의 발전 가능성을 '사정(assessing)'하거나 '평가(evaluating)'하는 글을 쓰기 위해서는 다양한 글쓰기 전략이 필요하다. 지리학자처럼 글을 쓰기 위해서는 일관된 근거를 바탕으로 논지를 공정하고 합리적으로 전개하며 가급적 중립적인 표현을 사용해야 한다. 또한 깊이 있는 지리학적 지식을 바탕으로 응집성과 명료성을 갖추어 논지를 드러낼 수 있어야 한다.

지리학에서 말하는 '공정하고 합리적인 논증(balanced argument)'은 글을 잘 쓰지 못하는 학생에게 매우 추상적이고 난해한 개념일 수 있다. 8학년 학생들이 팜유 생산을 주제로 논증문을 쓰려면 공정하고 합리적인 논증을 전개하고 충분한 배경지식과 맥락에 대한 이해가 전제되어야 한다. 하지만 학생들은 자신도 모르게 '자신이 지지하는 입장

(my side)'에만 몰두하거나, 또 배경지식과 논리적 근거가 부족한 상태에서 글을 쓰기도 하여 공정하고 합리적인 논증을 펼치지 못할 때가 많다. 논증 구조와 문장 구성 전략만으로는 '상호의존성(interdependence)'이나 '지속 가능한 발전(sustainable development)'과 같은 복합적인 지리학 개념을 다루는 글을 쓰기 어렵다.

학생들이 지리학 글쓰기에 필요한 전략을 배웠다고 해도 지리학에 대한 배경지식이 부족하거나 지리학자의 글쓰기 방식에 대한 이해가 부족하면 그 글은 단편적인 주장을 내세우는 수준에 머물게 된다. 이는 결국 지리학 배경지식과 지리학자의 글쓰기 방식 두 가지 모두가 균형 있게 뒷받침되지 않을 때 생길 수 있는 문제이다.

지리학자가 세계의 특정 지역에 대해 글을 쓸 때는 사실 기반의 정확한 내용을 제시해야 하는 동시에 중립적인 표현을 사용해야 하며, 해당 지역의 발전 가능성과 그 이유를 논리적으로 설명해야 한다. 즉 이러한 글을 쓸 때는 여러 요소를 복합적으로 고려해야 한다. 이에 대다수 학생은 이러한 글을 쓰면 마치 '풀 수 없는 신비한 암호'를 해독하는 듯한 좌절감을 느끼게 된다.

자연재해 중에서 지진이라는 진숙한 주제를 예로 들어 보자. 지진의 영향을 평가하는 글쓰기 과제에서 학생들은 종종 '지진이 발생한 지역에는 상당한 피해가 발생한다'와 같은 문장을 쓴다.[15] 그런데 학생들이 지진에 대한 정보를 습득한 경로가 영화와 텔레비전과 같은 대중매체에 국한될 경우, 그들은 실제 지진 상황보다는 극적으로 연출된 장면을 바탕으로 지진을 이해한다. 왜냐하면 뉴스에서는 자주 발생하는 경미한 수준의 지진은 보도하지 않기 때문이다.

지리 교사인 마이크 시몬스(Mike Simmons)는 학생들의 오개념을 바로잡으면서도 학생 글의 질을 높이기 위한 지도법으로 '개념-언어의 통합 발달(double development)' 접근법을 고안했다. 예를 들어 학생이 영국에서 발생한 지진의 영향에 대한 논증문을 쓸 때 교사는 몇 가지 안내 질문을 활용해 학생들이 적절하고 중립적인 문장으로 쓸 수 있도록 안내할 수 있다. 예컨대 "리히터 규모 6 이상의 지진이 인구 밀집 지역을 강타할 시 심각한 피해가 발생할 가능성이 있다. 2010년 1월 아이티에서 7.0 규모의 지진이 발생한 사례가 있다."와 같은 중립적인 표현으로 글을 쓰도록 지도할 수 있다.[16]

이처럼 학생들은 지리학 글쓰기에서 활용되는 어휘와 배경지식을 포함해 구체적인 근거 제시, 중립적인 표현 사용, 확장 명사구 구성, 문장 연결 표현 사용 등의 일반적인 글쓰기 전략을 통합적으로 배워야 지리학자처럼 글을 쓸 수 있게 된다.

다양한 교과에서 활용되는 글쓰기 전략을 비교해 보면 다음과 같다.

과학	미술 및 디자인	역사	지리학
복합 명사구 사용 (예: 적용 응력 크기)	복합 명사구 사용 (예: 추상표현주의)	복합 명사구 사용 (예: 노예 해방 선언)	복합 명사구 사용 (예: 인장 연판)
객관성을 드러내기 위해 수동태 문장 구조 사용	시각적으로 생동감 있게 표현하기 위해 형용사 사용	중립적 태도를 드러내기 위해 조동사 사용 (예: '~일 수도 있다', '~할 가능성이 있다')	지리적 현상을 간결하게 설명하기 위해 동격구 사용

과학적 절차를 논리적으로 제시하기 위해 문장 연결 표현사용 (예: '첫째'…, '그 결과', '결론적으로')	논리적으로 창작 기법에 대한 자기 평가를 하기 위해 문장 연결 표현 사용 (예: ~하기 위하여)	원인과 결과 관계를 드러내는 문장 연결 표현 사용 (예: '~로 인해'와 '그 결과~')	특정 장소의 특성을 명확히 설명하는 문장 연결 표현 사용 (예: '먼저', '예를 들어', '만약')
과학적 분류를 드러내기 위해 글머리 기호 사용	디자인 기법 및 특징을 정교하게 설명하기 위한 짧은 구문 사용	상반된 주장을 비교·평가하는 균형 잡힌 논증 구성	인문 및 자연 지리를 표현하기 위해 그래프와 도표 사용
실험 과정을 설명하기 위해 강한 동사 사용 (예: 주입하다, 투입하다)	예술적 기법을 섬세하게 표현하기 위해 예술적 부사와 형용사 사용	변화의 정도를 설명하기 위해 형용사 사용 (예: 중대한, 미미한)	지리적 현상을 명확하게 설명하기 위해 강한 동사 사용 (예: '방파제는…을 보호한다')

이상의 여러 교과의 학문적 글쓰기 방식을 비교한 표는 3학년부터 13학년 대상의 글쓰기 과제에서 활용할 수 있는 기초적인 글쓰기 전략을 정리한 것에 불과하다. 이 책의 목적은 정해진 '답'을 제시하는 것이 아닌, 교사들이 이러한 주제를 바탕으로 지속적인 논의를 할 수 있는 대화의 시작점을 마련하는 데 있다. 실제로 학교 현상의 교사들은 자신이 가르치는 교과 학문 분야, 글쓰기 전략, 그리고 학생 발달 단계와 특성(저학년 또는 고학년 학생)에 대한 전문성을 보유하고 있다. 그러나 이러한 전문성이 실질적인 학문적 글쓰기 지도에 반영하려면 충분한 연구 시간과 전문가 집단의 협력이 필요하다.

이를 위해 교사는 각 교과목의 모범문을 읽고 수집하며 분석하는 작업부터 시작해 볼 수 있다. 이후에는 다양한 유형의 글쓰기 전략과 예시를 선별하고, 각 교과 고유의 학문적 글쓰기 전략을 교육과정에서 어떤 순서로 배치하고 어떻게 지도할 것인지를 교사들과 논의하고 공유하는 과정이 뒷받침되어야 한다.

이제 우리는 다시 교실 현장에서 '절대 풀 수 없을 것처럼 느껴지는 신비한 암호' 이야기로 돌아가 보자. 그 암호는 사실 절대 풀 수 없지도 않고, 신비롭지도 않으며, 진짜 암호인 것도 아니다. 모든 교과에서 학문적 글쓰기의 원리로 불리는 '암호'는 충분히 교육 현장에서 가르칠 수 있다. 학교 현장에서 이러한 노력을 꾸준히 이어간다면 교실 안의 쓰기 격차는 점차 해소되어 갈 것이다.

요 약

- 대다수의 학생은 교육과정 속 교과 학문의 언어를 마치 '절대로 풀 수 없는 신비한 암호'처럼 여긴다. 따라서 교사는 교과의 학문적 문해력을 바탕으로 교과별 고유한 글쓰기 관습을 명시적으로 지도할 수 있어야 한다.
- 학년이 올라갈수록 글쓰기 과제는 더욱 정교해지며, 각 교과 학문의 특수성이 요구된다. '학문적 문해력'은 모든 교과에서 보편적으로 요구되는 글쓰기 방식뿐 아니라 '과학자처럼 글쓰기'와 같이 교과 고유의 전문적인 글쓰기 방식까지 아우르는 개념이다. 이는 교육 현장에서 실제로 정착되어야 하는 개념이며 학생들이 숙달해야만 하는 핵심적인 글쓰기 역량이다.
- 미술이나 과학과 같은 교과는 간결하고 정확한 표현을 중시하며 주로 짧은 형식의 글쓰기를 수행한다. 따라서 교사는 수업에서 주석 쓰기나 한 문장으로 과학적 정의 쓰기 방법을 명확히 설명하고 시범 보이고 지도하되, 학생들이 혼자서 지속적으로 연습할 수 있는 기회까지도 제공해야 한다.
- 교사는 각 교과의 학문적 글쓰기 특성을 정확히 이해한 뒤 이를 바탕으로 지도 계획을 세워야 한다. 나아가 동료 교사와 협력하여 효과적인 지도 방안을 함께 모색해야 한다.

주석

1. Lampi, J. P., & Reynolds, T. (2018). Connecting practice and research: From tacit to explicit disciplinary writing instruction. *Journal of Developmental Education, 41*(2), Winter 2018.

2. Schleppegrell, M. J. (2004). *The language of schooling: A functional linguistics perspective.* London: Lawrence Erlbaum Associates Publishers.

3. Dunn, C., Holmes, D., & Cowling, D. (2016). *GCSE Geography Edexcel B Student Book.* OUP Oxford, UK Edition. Oxford: Oxford University Press.

4. Rundell, K. (2017). *The Explorer.* London: Bloomsbury.

5. Education Endowment Foundation. (2019). *Improving literacy in secondary school guidance report.* London: Education Endowment Foundation.

6. Halliday, M. A. K., edited by Webster, J. J. (2004). *The language of science.* London: Continuum.

7. Fang, Zhihui. (2021). *Demystifying academic writing.* 10.4324/9781003131618.

8. AQA (2019). GCSE Chemistry, 8462/1F: Paper 1 – Foundation Report on the Examination. 출처: https://filestore.aqa.org.uk/sample-papers-and-mark-schemes/2019/june/AQA-84621F-WRE-JUN19.PDF.

9. Walker, R. (2018). Sentences and the web of knowledge. 출처: https://rosalindwalker.wordpress.com/2018/10/17/sentences-and-the-web-of-knowledge/.

10. VanSledright, B. (2012). Learning with texts in history. In T. L. Jetton, & C. Shanahan (Eds.), *Adolescent literacy in the academic disciplines: General principles and practical strategies* (pp. 199–226). New York: The Guilford Press.

11. Coffin, C. (2006). Learning the language of school history: the role of linguistics in mapping the writing demands of the secondary school curriculum. *Journal of Curriculum Studies, 38*(4), 413–429.

12. Carroll, J. A. (2016). The whole point of the thing: how nominalisation might develop students' written causal arguments. *Teaching History, 162,* 16–24, The Historical Association.

13. 위의 책.

14. Jenner, T. (2019). Making reading routine: helping Key Stage 3 pupils to become regular readers of historical scholarship. *Teaching History, 174,* March 2019, The Historical Association.

15. Simmons, M. (2016). Developing written answers. *Teaching Geography, 41*(2), Focus on making progress (Summer 2016), 66–67, Geographical Association.

16. 위의 책.

글쓰기 지도를 위한 실천 전략

DOI:10.4324/9781003179962-7

글쓰기 지도를 위한 실천 전략, 어디서부터 시작해야 할까?

글쓰기는 결코 단순한 과제가 아니다. 학년이 올라갈수록 글쓰기는 점점 더 어려워지고, 각 교과에서는 고유의 글쓰기 방식과 관습을 요구한다. 학생들은 글을 쓰면서 다양한 쓰기 전략을 복합적으로 활용하므로 모든 글쓰기 상황에 적용할 수 있는 똑같은 공식처럼 가르쳐서는 안 된다.

또한 학교는 글쓰기 지도를 위한 시간을 충분히 배정하지 않는다. 그러나 일상 수업에는 학생들의 글쓰기 습관을 형성하고 그 능력을 계발하기 위해 교사가 활용할 수 있는 의미 있는 시간이 의외로 많다.

실용적이고 실천적인 글쓰기 교육의 핵심은 기존의 교육적 실천에 글쓰기를 통합 지도할 수 있는 작은 시간을 찾아내 이를 활용하는 것이다. 결국 전문 작가처럼 글쓰기 격차를 없애 주는 것은 새로운 수업 방식이나 비싼 교재가 아닌, 글쓰기 지도법을 정교하게 다듬고 세심하게 개선하는 과정 그 자체에 있는 것이다.

읽은 내용을 글로 쓰기

읽기와 쓰기는 동전의 양면과 같다. 이 두 기능은 상호보완적이며 분리될 수 없는 기능으로 한 기능이 다른 기능의 발달을 돕는다.[1] 예를 들어 3학년 학생이 지리 수업에서 자신의 지역에 관한 글을 잘 쓰려면 지역의 인구, 명소, 역사, 발전사에 대한 다양한 글을 읽어본 경험이 필요하다. 또한 9학년 학생이 영어 수업에서 시를 잘 쓰기 위해서는 다양한 시를 자주 읽고 시의 형식과 시적 언어 선택에 대해 토의하는 활동이 마련되어야 한다.

무엇보다 읽기는 글쓰기를 위한 최선의 활동이다. 또한 읽은 내용을 바탕으로 글을 쓰는 과정은 읽은 내용을 통합하고 사고를 확장하는 데 도움을 준다.[2] 특히 읽은 내용을 글로 쓰는 활동은 보다 깊게 사고하고 내용을 체계적으로 구조화하는 데 효과적이다. 사실 학생들이 학교에서 이런 활동을 자주 하는 것 같지만, 실제로는 일관성 없이 이루어지거나 비효율적으로 진행되는 경우가 많다. 그래서 실천적인 전략이 중요한 지원 수단이 될 수 있다.

읽은 내용을 깊이 이해하도록 돕는 효과적인 글쓰기 지도 방안은 다음과 같다.

- **앵커 포인트 찾기.** 학생들은 수업 시간에 교과서부터 고전 작품에 이르기까지 다양한 종류의 글을 읽고, 글의 의미를 파악하기 위해 노력한다. 그러나 각 교과에서 요구하는 글쓰기 방식이나 관습을 학생 스스로 깨닫는 일

은 쉽지 않다. 따라서 교사는 학생들이 글의 중간 멈춤 지점인 앵커 포인트(Anchor points)를 활용할 수 있도록 반드시 지도해야 한다. 이 방법은 학생이 글을 읽는 과정에서 앵커 포인트에 도달했을 때 잠시 멈추어 글의 내용을 되새기고 간단한 문장으로 정리하는 연습을 하도록 안내한다. 이를 위해 교사가 앵커 포인트를 활용하는 방법을 시범 보이고, 이를 단계별 과제로 제시하여 연습하도록 하면, 학생들은 점차 이 전략을 스스로 활용할 수 있게 된다. 이 전략은 특정 주제에 관한 글을 쓸 때도 매우 유용하다.

- **필자의 표현 방식 발견하기.** 글을 읽다가 잠시 멈추어 읽은 내용을 되새기고 글로 정리하는 활동은 글의 고유한 표현 방식뿐 아니라 해당 교과 학문의 글쓰기 관습을 파악하는 능력까지 계발할 수 있다. 따라서 교사는 글을 읽으면서 필자의 표현 방식을 발견하는 과정을 명시적으로 시범 보이며 지도해야 한다. 예컨대 영어 수업에서 낯선 시를 읽으면서 시에 사용된 심상을 찾아보거나, 역사 수업에서 제1차 세계대전을 다룬 요약문을 읽고 중립적인 서술 방식이 어떻게 나타나 있는지를 분석하는 활동을 할 수 있다.

- **강렬한 인상을 주는 문장 찾기.** 교실에서 글의 표현 방식과 중심 내용을 강조하는 효과적인 지도 방법은 글에서 강렬한 인상을 주는 문장을 찾아보게 하는 것이다. 예를 들어 학생들에게 논증문에서는 가장 설득력 있는 문장, 설명문에서는 가장 핵심적인 정보를 담은 문장, 시에서는 가장 감각적으로 표현된 문장을 찾아보게 한다. 이러한 문장을 중심으로 글을 쓰거나 토의·토론하는 활동은 효과적인 글쓰기 전략을 익히는 데 도움이 된다. 더 나아가 이러한 표현 방식을 자신의 글쓰기에 모방하고 응용하는 능력까지 기를 수 있다.

- **글의 요지 적기.** 요약하기 전략은 널리 쓰이는 읽기 전략이지만, 모든 학생이 이 전략을 능숙하게 사용할 줄 아는 것은 아니다.[3] 따라서 글을 읽은 후 글의 요지(글의 핵심 정보, 논지, 표현상의 특징 등)를 한두 문장으로 정리해 보는 활동은 읽은 내용을 깊이 이해하고 오래 기억하는 데 도움이 된다. 예를 들어 종교 수업에서 회당(synagogues)에 대한 글을 읽은 후, 교사는 '회당은 유대인의 주요 예배 장소이다(주요 특징: 방주, 경전, 설교단, 기도서)'라는 글의 요점을 정리하는 방법을 시범 보일 수 있다.

- **연결하고, 비교하고, 반박하기.** 학생들은 여러 글을 연결하며 읽는 전략에 관한 지원이 필요하다. 실제로 많은 학생이 A라는 주제에 관한 글을 읽을 때 과거에 읽은 B라는 관련 주제의 글을 떠올리지 못하는 경우가 많다. 배경지식을 활성화하며 읽는 능력은 특히 글을 잘 쓰지 못하는 학생에게 중요하므로 이들에게 다양한 글에 관한 배경지식을 지원해야 한다. 예컨대 학생들이 영어 수업에서 여러 편의 시를 비교해 읽거나 생물 수업에서 다양한 생명체의 분류 체계를 다룬 글을 비교·분석하는 활동을 하며 두 글의 유사점과 차이점을 파악할 수 있다. 이를 통해 학생들은 주어진 글에 관한 비판적 이해 능력도 기를 수 있다. 이 지도법은 읽기 후 활동에서 활용할 수 있으며, 이 활동에서는 학생들에게 두 글을 연결하기, 비교하기, 반박하기 중에서 하나를 선택하여 적용해 보도록 지도할 수 있다.

학생들의 필기 능력 향상하기

학생들은 언제 어디서나 많은 필기를 한다. 어떤 경우에는 문자로, 또 어떤 경우에는 시각적 요소를 활용하기도 한다. 필기를 체계적으로 할 때도 있지만, 급하거나 산만하게 쓰는 경우도 적지 않다. 필기도구 역시 다양해서 디지털 매체를 활용하기도 하고, 손 글씨로 기록하기도 한다. 그렇다면, 학생들에게는 어떤 필기 방식이 가장 효과적일까?

효과적인 필기 방법을 지도할 때는 교사의 구조화된 지도, 단계적 지원이 필수적이다. 이러한 지원은 글을 잘 쓰는 학생이든 잘 쓰지 못하는 학생이든 모두에게 큰 도움이 된다. 학생들이 교사의 체계적인 지도를 받으며 전략적으로 필기할 수 있다면, 읽은 내용을 깊이 사고하고, 해석하고, 조직화하고, 종합적으로 이해할 수 있게 된다. 효과적인 노트 필기 전략을 제시하면 다음과 같다.

- **코넬 노트 필기 전략.** 이 전략은 전 세계적으로 널리 알려진 대표적인 필기 전략 중 하나로, 1950년대 미국 코넬(Cornell) 대학교의 월터 포크(Walter Pauk) 교수가 고안한 데서 그 이름이 붙여졌다. 원래는 강의 내용을 체계적으로 정리하기 위해 개발되었지만, 읽은 내용을 정리하는 데도 활용할 수 있다. 이 전략의 핵심은 정보를 단순히 나열하는 데 그치지 않고, 핵심 정보를 선별하고, 이에 대해 질문하며 간결한 요약문을 작성하는 데 있다. 특히 요약문을 작성하는 과정에서 정보의 중요도를 판단하고 핵심 내용을 가려내는 고차원적 사고가 요구된다(그림 7.1 참고).

그림 7.1 코넬 노트 필기 전략

- **안내된 노트 필기 지도법.** 안내된 노트 필기 지도법은 미리 준비된 구조화된 문서(인쇄물 또는 디지털 자료), 단계별 필기 전략에 대한 지침, 교사의 명시적 지도를 통합하여 학생이 읽은 글을 정리하고 기록하도록 돕는 전략이다. 특히 교사가 글쓰기에 미숙한 학생에게 노트 필기 전략을 단계적으로 안내하고 직접 시범을 보이며 구조화된 피드백과 함께 지도하면 교육적 효과를 기대할 수 있다. 예를 들어 교사는 학생들에게 노트의 공란이나 빈칸을 활용해 질문을 던지고, 질문에 대한 답변을 간결하게 정리하도록 유도할 수 있다. 또한 약어와 기호를 사용하여 문장을 축약하는 연습도 안내할 수 있다.

- **내 말로 정리하는 연습하기.** 정보를 '내 말로 정리하기'는 노트 필기나 학술적인 글쓰기를 할 때 널리 사용되는 전략이다. 즉, 글의 정보나 아이디어를 자신의 말로 재구성하는 전략이다. 대다수 학생은 어린 시절부터 이러한 활동을 무의식적으로 연습해 왔지만, 실제로는 단순한 기술이 아닌 별도의 훈련이 필요한 고차원적인 글쓰기 전략이다. 이 전략을 활용할 수 있으려면 학생들은 최소한의 표현 수정, 문장 구조의 부분적 수정, 전체 문장의 재구성 차이를 이해해야 한다.[4] 직접 인용과 간접 인용, 그리고 간접 인용과 자신의 말로 정리하는 방식의 차이도 이해해야 한다.

  1. **직접 인용:** "영어의 문제에 관해 관심 있는 대부분의 사람은 영어가 언어로서의 품격이 떨어지고 있다고 생각한다. 하지만 우리의 의식적인 실천만으로 이 문제를 해결할 수는 없다." -『정치와 영어(Politics and the English Language)』, 조지 오웰(George Orwell)

  2. **간접 인용:** 오웰은 '영어의 품격이 떨어지고 있다'라고 주장하며, '우리의 의식적인 실천만으로는 그 문제를 해결할 수 없다'라고 말했다.

  3. **자신의 말로 정리한 문장:** 오웰은 영어가 쇠퇴하고 있으며 이를 바로잡으려는 의식적인 노력만으로는 역부족이라고 보았다.

- **핵심 질문하기.** 사실 학생들이 필기할 때 책의 내용을 그대로 옮겨 적거

나 교사의 설명을 받아 적는 것으로는 충분하지 않다. 반드시 필기한 내용을 바탕으로 새로운 아이디어를 덧붙이고, 또 자신의 사고를 확장할 수 있어야 한다. 이를 위해 교사는 학생들이 노트 필기 과정에서 핵심 질문을 만들어 보는 활동을 안내할 수 있다. 학생은 토론 전에 핵심 질문을 하나 만들고, 그 질문에 답하며 이를 반복하도록 한다. 이렇게 만든 질문은 이후 복습 활동에서도 유용하게 활용할 수 있다.

- **읽기, 토의하기, 수정하기.** 학생들이 필기 내용을 구조화하고 자신의 말로 정리하는 능력을 기르기 위해서는 교사의 명시적인 시범 보이기, 또래와 토의하기, 필기한 내용을 수정하기 활동이 효과적이다. '읽기, 토의하기, 수정하기' 전략은 자신이 작성한 노트를 잘 정리한 뒤에 또래 친구와 협력하여 보다 나은 노트 필기로 발전시키는 전략이다. 먼저 '읽기' 단계에서는 학생들이 서로의 노트 필기를 살펴본다. 다음 '토의하기' 단계에서는 서로의 노트 필기의 차이점, 유사점, 강점, 누락된 내용 등을 중심으로 의견을 나눈다. 마지막으로 '수정하기' 단계에서는 토의하기 단계에서 주고받은 내용을 반영하여 필기 내용을 보완하고, 필기의 완성도를 높인다. 이 전략은 동일한 내용을 다른 방식으로 필기한 노트를 읽으며 노트 필기에 대한 안목을 형성한다는 이점이 있다.

글쓰기 과정을 시범 보이기

글쓰기 과정에 대한 시범은 글쓰기 지도 역사상 가장 오래된 교수법 중 하나로 꼽힌다. 아리스토텔레스는 『시학(Poetics)』에서 '모방'

은 인간의 본성이라고 했으며, 이후 모든 교실에서 모방에 기초한 교사의 시범이 핵심적인 교수 전략으로 자리매김하게 되었다. 이렇게 글쓰기 교육 초기부터 오늘날에 이르기까지 모방의 원리에 따라 글쓰기를 지도해 왔지만, 실제 수업에서 교사가 학생들에게 글쓰기 과정을 시범보이는 일은 여전히 쉽지 않다.

교사가 모범문을 보여주든, 글쓰기 과정을 직접 시범을 보이든, 글쓰기 지도의 핵심은 학생들에게 우수한 글쓰기 전략을 안내하고, 글쓰기 과정에서 필자의 사고 과정을 명시적으로 드러내는 데 있다. 이처럼 사고 과정을 언어로 표현하고 설명하는 방식을 '사고 구술(Think aloud)'이라고 한다. 시범 보이기 지도법은 다음과 같이 여러 방법으로 실천할 수 있다.

교사가 전적으로 시범 보이기

- **지도 방법.** 학생의 직접적인 참여 없이 교사가 전적으로 주도하여 글쓰기 과정을 시범 보이는 지도법이다. 일반적인 '사고 구술' 기법에 해당한다. 교사는 글쓰기 과정을 수행하며 필자의 사고 과정을 말로 드러내 보이면서 쓰기 전략을 명시적으로 지도한다.

- **기대 효과.** 학생은 글쓰기 과정에서 교사가 보여주는 능숙한 필자의 쓰기 전략에 집중하면서 자신의 아이디어와 교사의 글쓰기 전략을 탐구할 수 있다.

- **한계점.** 교사의 시범을 관찰하는 데 학생의 집중력이 요구되며, 학생은

수업에서 수동적인 태도로 글쓰기 과정에 소극적으로 참여한다. 또한, 학생들이 교사의 시범을 관찰하는 것만으로는 실제 글쓰기 상황에 적용하는 데 한계가 있다.

교사와 학급 전체가 함께 시범 보이기

- **지도 방법.** 교사가 학급 전체를 대상으로 글쓰기 과정을 주도적으로 시범 보이되, 학생들이 교사의 시범을 보며 내용을 생각하거나, 작성한 글의 수정 방향을 제시하는 등의 방식으로 참여하는 방법이다. 이 방법은 학생들이 적극적으로 참여한다는 것이 특징이다.

- **기대 효과.** 학생들이 전문가인 교사의 안내에 따라 글쓰기 과정을 배우고 교사의 단계적 지원을 받으며 자신의 생각을 발전시켜 나갈 수 있다. 또한 교사와 학생이 함께 토론하고 생각을 나누는 활동을 통해 글을 잘 쓰지 못하는 학생들도 복잡한 글쓰기 과정을 쉽게 써낼 수 있다.

- **한계점.** 학생들은 교사의 전략을 따라가며 아이디어를 생각해 내는 동시에 친구의 말까지 들어야 하므로 집중력이 요구된다.

교사와 소그룹이 함께 시범 보이기

- **지도 방법.** 교사가 학급 전체가 아닌 소그룹을 대상으로 시범을 보이는 지도법이다. 교사-학생 간 상호작용이 이루어질 수 있으며 개별 학생을 위한 맞춤형 지도를 할 수 있다.

- **기대 효과.** 글을 잘 쓰지 못하는 학생에게 교사의 개별적인 피드백과 체

계적인 지원을 할 수 있다. 또한 학생 스스로 자신의 생각과 글쓰기 전략을 계발할 수 있는 기회를 얻는다.

- **한계점.** 소그룹 중심으로 이루어지므로 모든 학생을 동시에 관리하거나 모니터링하기 어렵다. 또한 정규 수업 외에 별도의 시간 확보가 필요하다.

글쓰기 과정의 일부만 시범 보이기

- **지도 방법.** 교사가 글쓰기의 일부 과정을 시범 보인 뒤, 이후의 글쓰기 주도권을 학생에게 넘겨주어 학생 스스로 글쓰기 과정을 해나가도록 하는 책임이양 원리에 기반한 지도법이다.

- **기대 효과.** 학생들이 교사의 전문적인 글쓰기 전략을 집중적으로 관찰할 수 있다. 나아가 학생들은 이를 바탕으로 자신의 글쓰기 전략을 단계적으로 연습할 수 있다.

- **한계점.** 교사의 글쓰기 계획과 안내에 대한 의존도가 높아 학생들의 독립적인 글쓰기 능력을 기르는 데 한계가 있다. 또한 교사의 시범을 지속적으로 모방하고 적용하는 데 제약이 따른다.

모범문과 결여문으로 시범 보이기

- **지도 방법.** 교사가 모범문과 결여문을 함께 제시한 뒤에 두 글을 비교·대조하면서 효과적인 글쓰기 전략을 시범 보이는 지도법이다.

- **기대 효과.** 학생들은 모범적인 글쓰기의 사례를 접할 수 있으며 결여문

에 제시된 오류나 결점을 비판적으로 분석하면서 글쓰기 과정을 배울 수 있다.

- **한계점.** 모범문과 결여문을 선별하거나 제작하는 과정은 보다 신중하게 계획되어야 한다. 또한 학생들이 결여문에 나타난 오류를 정확히 알아내지 못할 시 오히려 잘못된 글쓰기에 대한 잠재적 학습이 이루어질 수 있다는 점을 유의해야 한다.

짝과 함께 시범 보이기

- **지도 방법.** 교사의 개입 없이 학생들이 짝을 이루어 협력하며 글을 쓰도록 하는 지도법이다.

- **기대 효과.** 이 지도법은 협동 작문(cooperative writing) 전략이라고 한다. 학생들은 동료 피드백으로 지원받으며 혼자서 글을 쓰므로 자기 주도적인 글쓰기 능력을 경험할 수 있다.

- **한계점.** 협동 작문 과정에서 글쓰기 전략을 체계적으로 익히지 못할 수도 있다. 따라서 이 전략이 교육적으로 성공을 거두기 위해서는 교사의 세심한 지원과 학생 친화적인 교실 분위기 조성이 필수다.

특정한 시범 보이기 방식이 다른 방식보다 더 효과적이라는 명확한 근거는 없다. 따라서 교사의 시범과 지원 정도는 교사의 판단에 따라야 한다. 이때 학생의 배경지식, 교사의 지도법에 대한 숙련도, 글쓰기 과제의 난도는 중요한 고려 요소가 된다.

시범 보이기에는 '점진적 책임 이양(gradual release of responsibility)' 원리가 내포되어 있다. 간단히 설명하면 '교사가 혼자 글쓰기 과정을 설명하고 시범을 보이는 단계 → 교사의 안내를 받으며 학생이 글을 쓰는 단계 → 학생이 독립적으로 글을 쓰는 단계'로 구성된다. 그러나 실제 글쓰기 수업에서 교사가 수행하는 복잡한 의사결정 과정을 이렇게 세 단계만으로 설명하기는 어렵다. 따라서 효과적인 시범 보이기를 할 수 있으려면 교사가 다양한 지도 전략을 상황에 맞게 유연하게 선택하고 적용할 수 있는 역량을 갖추어야 한다.

- **골디락스 모범 예시문 활용하기.** 모범 예시문은 학생들에게 글쓰기의 본보기를 제시할 뿐만 아니라 글스기 과제 요구 사항을 보여주는 좋은 글의 표본 역할을 한다.[5] 전문 작가의 모범적인 글을 활용할 것인지, 학생에게 익숙한 또래 학생의 글을 활용할 것인지에 대해서는 교사가 수업 목표와 학생의 수준을 고려해 신중하게 결정해야 한다. 이때 골디락스 법칙(Goldilocks principle)을 모범 예시문에 적용해 볼 수 있다. 모범 예시문은 너무 쉽지도, 너무 어렵지도 않은, 적절한 수준의 글이어야 한다. 예를 들어 제1차 세계대전이 일어난 원인을 다루는 수업에서 교사는 역사학자가 쓴 전문적인 글과 또래 학생이 작성한 글 중 어떤 것을 사용할지 결정해야 하며, 상황에 따라 두 글을 모두 활용하는 것도 효과적일 수 있다.

- **모범문과 결여문을 비교하고 대조하기.** 글쓰기 수업에서 교사가 골디락스 법칙을 적용하면, 학생 수준보다 높은 고난도의 모범문을 제시하는 상황을 피할 수 있다. 한 연구에서 글쓰기 수업은 모범문과 결여문(좋은 예

와 나쁜 예)을 비교하여 지도하는 것이 효과적이라고 밝힌 바 있다.[6] 이러한 지도법은 특정 주제에 대한 배경지식을 쌓을 수 있는 기회가 된다는 이점도 있다.

- **쓰기 과정을 역추적하기.** 글쓰기 수업에서 모범문을 제시하는 것도 좋지만, 그 글이 어떤 과정을 거쳐 완성되었는지 역추적해 보는 활동도 매우 효과적이다. 가령 교사가 런던 대화재 사건(the Great Fire of London)을 묘사한 모범문을 제시한 후, 그 글에 사용된 주요 글쓰기 전략을 분석하고 바람직한 문단을 구성하는 방법을 시범 보일 수 있다. 이러한 지도법은 학생들에게 우수한 결과물뿐만 아니라 그 글이 완성되기까지의 체계적인 글쓰기 과정을 함께 보여줄 수 있다는 점에서 교육적 이점이 있다.

- **시범 보이기 〉 안내하기 〉 연습하기.** 미국의 문해력 전문가인 팀 섀너핸(Tim Shanahan) 교수는 효과적인 글쓰기 지도 모형을 다음과 같이 제시하였다.[7] 먼저 교사가 학생들이 부담을 느끼지 않도록 적절한 수준에서 글쓰기 과정을 시범 보인다. 예를 들면 교사가 우측 분기형 문장을 작성하는 법을 사고구술로 보여준다. 다음으로 학생들에게 교사의 시범에서 주목해야 할 핵심 요소를 명확하게 안내한다. 마지막으로 학생들이 글쓰기 전략을 실제로 적용해 보며 글을 써 보는 연습을 한다.

- **글을 쓰는 도중에 모범문 제공하기.** 대부분의 교사는 학생들이 직접 글을 쓰기 전에 모범문을 제시한다. 그러나 이 방식은 학생들이 모범문을 지나치게 모방하는 결과를 초래할 수 있다. 그러므로 글쓰기 계획 단계 이후

나 실제로 글을 쓰는 과정 중간에 모범문을 제시하는 것도 좋은 방법이다. 이 지도법은 학생들이 모범문을 그대로 모방하여 쓰는 결과를 줄이고, 우수한 글쓰기 전략을 자연스럽게 익히도록 돕는다. 또한 학생들이 적절한 시점에 자신의 글을 수정하고 편집할 수 있는 기회를 가질 수 있어 글의 완성도를 높일 수 있다.

탄탄한 논증 구성하기

논술문, 연설문, 기사문과 같은 논증문은 모든 교육과정의 단계에서 다루는 대표적인 글쓰기 유형이다. 수사학의 시초로 돌아가 보면, 논증문이 고대 사회에서 공동체를 형성하고 법치를 확립하는 데 어떻게 기여했고, 그리고 그 논증문이 오늘날 우리의 교실과 법정 등 다양한 영역에서 어떻게 여전히 지속되고 있는지를 생각해 보게 된다.

효과적인 논증문은 주어진 논제에 대해 폭넓고 신뢰할 수 있는 배경지식을 바탕으로 구성되어야 한다. 글쓰기에서 배경지식이 부족하면 어떤 계획이나 쓰기 전략을 사용하더라도 한계가 있다. 그렇지만 교사가 논증문 쓰기에 필요한 배경지식을 쌓는 방법과 논증 구조를 탄탄하게 구성하는 방법을 명시적으로 지도한다면 모든 학생이 우수한 논증문을 쓰는 데 필요한 핵심 기술을 익힐 수 있다.

학생들에게 다양한 논증 유형을 명확히 설명하는 것도 도움이 된다. 예컨대 역사나 종교 과목에서는 여러 관점을 균형 있게 제시한 논증(balanced argument)이 요구되지만, 국어나 정치 과목에서는 오히려 특정 입장을 강조하고 감정에 호소하는 논증(persuasive argument)이 허용되거나 오히려 적극적으로 권장되기도 한다. 두 논증 유형의 기본 구조는 유사하지만 표현 방식과 글의 목적에서 차이가 있다.

논증 유형 / 논증 구조	균형 잡힌 논증	호소적인 논증
입론 (주장과 근거)	**[주장]** 논제의 중요성을 설명하고 쟁점을 둘러싼 상반된 주장을 소개한다.	**[주장]** 논제의 중요성을 밝히고 핵심 주장을 분명하고 강한 어조로 제시한다.
	[근거] 자신의 주장을 뒷받침하는 근거를 제시한다.	**[근거]** 자신의 주장에 감성적으로 호소할 수 있는 사례와 타당한 근거를 제시한다.
본론	**[반론]** 예상 반론과 이를 뒷받침하는 근거를 제시한다.	**[주장을 강화하는 논거]** 예상 반론을 강력하게 반박할 수 있는 추가적인 사례를 제시한다.
	[반론에 대한 비교 및 평가] 예상 반론을 균형 있게 평가한다.	**[반론에 대한 반박]** 예상 반론을 강력하게 반박한다.
결론	양쪽 입장을 요약한 뒤, 논리적인 근거를 바탕으로 자신의 주장을 재진술한다	수사적 효과를 발휘하기 위해 개인적인 사례를 들어 독자에게 강한 인상을 남긴다.

일단 학생들이 두 논증 유형의 구조적 차이를 명확히 인식하도록 지원하면 표현 방식의 차이 역시 보다 구체적으로 지도할 수 있다. 예컨대 균형 잡힌 논증에서는 중립적이고 객관적인 표현을 사용하지만, 호소적인 논증에서는 '극도로 끔찍한', '납득할 수 없는'과 같은 독자

의 감정을 자극하는 표현으로 공감을 유도한다. 논증문 쓰기 지도에 활용할 수 있는 실천 전략은 다음과 같다.

- **논거 쌓기.** 학생들은 자신의 논증을 구성하기 위해 아이디어와 주장을 스스로 연구해야 한다. 이러한 점에서 이 전략은 학생의 적극적인 참여를 유도하는 효과적인 전략이 될 수 있다. 사실 논쟁 자체를 싫어하는 학생은 거의 없을 것이다. 그런데 실제로 대다수 학생은 균형 잡힌 논증을 구성하는 것을 어려워한다. 이때 활용할 수 있는 전략이 바로 '논거 쌓기(Argument stacking)'이다. 정의의 여신(Lady Justice)의 저울대를 떠올려 보면 이 지도법을 쉽게 이해할 수 있다. 학생들은 주어진 논제에 대한 찬성과 반대의 주장을 균형 있게 살펴보고, 양쪽 주장을 뒷받침하는 근거를 차곡차곡 모아 나가는 활동을 한다. 이를 저울대 모양의 도해 조직자를 활용하면 시각적으로 정리하는 데 도움이 된다.

- **예상 독자를 고려하기.** 효과적인 논증을 구성하기 위해서는 무엇보다도 예상 독자에 대한 깊이 있는 이해가 선행되어야 한다. 학생들이 논증문을 쓰려면 자신의 주장과 아이디어를 생각하기 전에 예상 독자에 대해 구체적으로 떠올려 보아야 한다. 예상 독자들은 논제에 대해 어떤 신념이나 가정, 배경지식을 갖고 있는가? 근거 자료와 통계에 관심이 있는가, 아니면 유머나 개인적인 사례에 관심이 있는가?, 균형 잡힌 논증이 설득력이 있는가, 아니면 감정에 호소하는 논증이 설득력이 있는가? 등의 질문을 하면서 예상 독자의 특성을 꼼꼼하게 고려해 논증을 구성해야 한다.

- **사실과 의견 사이의 주관성 스펙트럼으로 탐구하기.** 학생들이 논증문을

능숙하게 쓸 수 있으려면 다양하고 효과적인 예시들을 읽고 듣는 경험이 필요하다. 특히 사실과 의견 사이의 주관성 스펙트럼(The subjectivity spectrum)은 균형 잡힌 논증과 호소적인 논증 차이를 이해하는 데 큰 도움이 된다. 즉, 글의 논조가 객관적이고 과학적인지, 혹은 편향적이고 주관적인지를 탐구하는 데 유용하다. 예를 들어 사실과 통계를 근거로 제시하는 논증과 개인적인 경험을 제시하는 논증을 비교해 볼 수 있다. 이처럼 다양한 논증 사례를 분석해 보면서 학생들은 단편적인 논증문에 의존하는 태도를 경계하고 보다 정교한 글쓰기를 추구하게 된다. 이를 간단한 활동으로 진행하고 싶다면 개별 문장에 나타난 논증 방식을 비교해 보는 활동도 좋다. 다음 아마존 열대우림 보존에 대한 두 문장을 비교해 보자.

균형 잡힌 논증: 아마존 열대우림은 우리 삶에 있어 자연적, 문화적, 경제적으로 중추적인 역할을 수행한다.
호소적인 논증: 아마존 열대우림의 파괴로 인해 자연의 필수적인 기능이 상실되고 있으며, 수많은 생태계의 건강이 크게 위협받고 있다.

- **주제문 구성하기.** 주제문은 글의 핵심 주장을 명확하게 전달하는 역할을 한다. 일반적으로 각 문단의 도입부에 제시되어 있으며 해당 문단의 내용을 여는 역할을 한다. 가령 5학년 수업에서 아마존 열대우림 파괴를 주제로 설득하는 글쓰기를 계획한다면 다음과 같은 주제문을 구성할 수 있다.

서론: 아마존은 세계 최대의 열대우림으로, 수백만 명의 삶의

터전이며 수십억 인구의 삶에 필수적인 기능을 수행한다.

문단 2: 열대우림의 파괴는 아마존의 건강을 심각하게 훼손하고 있다.

문단 3: 기후 변화의 관점에서 볼 때 아마존의 보존은 절대적으로 중요하다.

문단 4: 아마존의 파괴는 주요 농작물과 식량 생산에 악영향을 미친다.

결론: 아마존 열대우림의 4분의 1이 향후 10년 안에 파괴될 것으로 예상된다.

이처럼 명확하고 설득력 있는 주제문을 구성하는 것은 글쓰기 과정의 '계획하기' 단계에서 특히 유용하다. 이러한 전략들은 토의, 내용 수정, 편집이 가능한 글쓰기 계획 단계의 구조를 만드는 데 도움이 되며 초고 쓰기와 같은 복잡한 과제를 수행하기 전에도 활용할 수 있다.

- **체계적으로 논증 계획하기.** 수천 년 전 수사학이 탄생한 이래로, 작가들은 설득력 있는 논증을 조직해 왔다. 다음과 같은 여섯 단계의 논증 계획 전략을 활용하면 누구나 설득력 있는 논증문을 쓸 수 있다.

1. **요약하기:** 자신의 주장을 한 문장으로 간추린다.
2. **내용 생성하기:** 주장을 확장하기 위해 근거, 예시, 아이디어를 수집한다.
3. **조직하기:** 문단별로 논증을 순서대로 배열하고, 논제 문장

을 구성한다.

4. **확장하기:** 사실, 통계, 전문가의 의견, 개인적 경험, 아이디어, 실례 등을 바탕으로 아이디어를 생성하고, 문단 내용을 구체화한다.
5. **통합하기:** 예상 독자를 고려하여 논증의 공정성을 점검하고 확인한다.
6. **검토하기:** 전체 논증 계획을 다시 확인하고, 내용상의 오류나 부정확한 내용이 없는지 점검한다.

참고로, 논증 계획을 단순화하고 싶다면, 다음과 같은 SCAN 전략을 활용할 수 있다.[8]

- **S**(Does it make sense?): 논리적으로 타당한가?
- **C**(Is it connected to my belief?): 주장의 일관성이 있는가?
- **A**(Can I add more?): 추가할 내용이 있는가?
- **N**(Note errors): 오류는 없는가?

서사문 쓰기 계획하기

이야기 글은 대중에게 가장 사랑받는 글쓰기 장르이자, 인류의 중요한 문화유산이다. 교사가 학생에게 읽어 주는 이야기는 상상의 세계를 열어주는 동시에 이야기의 흐름, 등장인물, 사건과 갈등 해결 과정을 자연스럽게 받아들이도록 도와준다.

'이야기 글을 잘 쓰는 법'에 대한 책은 많지만 그 어디에도 이야기 글, 즉 서사문을 잘 쓰는 법을 구체적이고 명확하게 제시하는 자료는 드물다. 그러나 글을 잘 쓰지 못하는 학생이 아이디어를 어떻게 내는지를 돕는 것은 글쓰기 교육의 중요한 목표 중의 하나다.

물론 300쪽에 달하는 장편 소설을 집필하는 소설가의 글쓰기 전략과 학교에서 몇백 단어의 제한된 분량으로 서사문을 쓰는 전략은 구분되어야 한다. 학교 글쓰기 수업에서는 '간결한 서사문 쓰기'를 목표로 수업 계획을 설계해야 한다. 즉, 학생들은 이야기의 핵심 사건을 간추리고, 시간적 흐름이나 공간적 배경의 변화를 중심으로 맞춘 짧은 이야기를 구성하는 과제를 수행해야 한다.

다음은 간결한 서사문 쓰기를 위한 효과적인 실천 전략이다.

- **5막 구조와 프라이탁의 피라미드 활용하기.** 서사 구조는 고대 그리스 시대의 아리스토텔레스까지 거슬러 올라간다. 5막 구조는 소포클레스(Sophocles)를 거쳐 셰익스피어(Shakespeare)로 계승되었으며, 오늘날까지도 수많은 할리우드 블록버스터 영화와 유명 소설에서 여전히 기본 서사 구조로 활용되고 있다. 독일의 극작가인 구스타프 프라이탁(Gustav Freytag)은 이러한 5막 구조를 제시하기 위하여 프라이탁의 피라미드(Freytag's Pyramid)를 제안하였다(그림 7.2 참고).

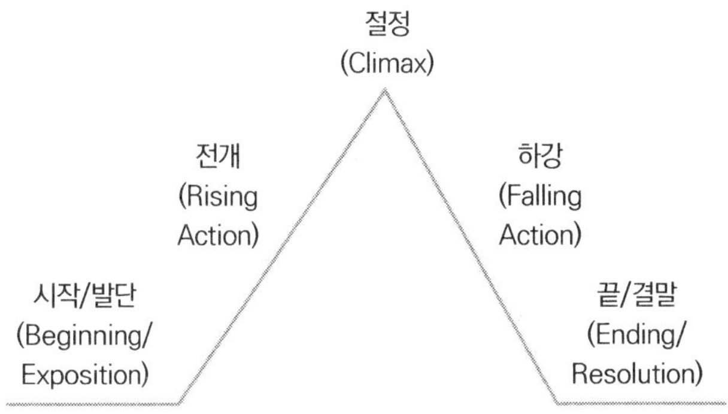

그림 7.2 프라이탁의 피라미드(Freytag's Pyramid)

프라이탁의 피라미드를 셰익스피어의『로미오와 줄리엣(Romeo and Juliet)』에 적용하면 다음과 같이 설명할 수 있다.

1. **시작/발단(Beginning/Exposition):** 프롤로그에서는 이 작품의 배경이 르네상스 시대의 베로나 지역이며 귀족 가문 간의 권력 다툼이 벌어지고 있는 내용임을 소개한다.
2. **전개(Rising Action):** 로미오와 줄리엣이 만나 사랑에 빠진다.
3. **절정(Climax):** 줄리엣의 사촌인 티볼트(Tybalt)가 로미오의 친구 머큐쇼(Mercutio)를 죽이자, 로미오는 복수심으로 티볼트를 살해한다.
4. **하강(Falling Action):** 줄리엣은 수도사와 함께 파리스(Paris) 백작과의 정략결혼을 피하기 위해 계획을 세운다.
5. **끝/결말(Ending/Resolution):** 로미오와 줄리엣은 비극적

인 오해를 한 채로 자살한다.

프라이탁의 피라미드 구조는 산, 지도, 화산 등 다양한 도식으로 시각화되었지만, 핵심 원리는 동일하다. 즉, 이야기의 줄거리는 관객의 기대를 고려하여 예술적으로 구성되는 것이다. 학생들이 공통된 서사 구조를 익히면 독자를 이야기 속에 몰입시킬 수 있으며, 전형적인 구조를 의도적으로 바꾸어 독자의 흥미와 긴장감을 더욱 고조시킬 수 있다. '간결한 서사문 쓰기' 과제에서 이야기 계획을 세울 때는 절정 단계에서 긴장감이 고조되고 해결 단계로 이어지는 서사 구조를 적용할 수 있다.

- **이야기 타임라인 스케치하기.** 서사문을 쓰려면 이야기 진행 속도를 조절해 가며면서 글의 전체 분량까지 고려하여 이야기 구성을 계획해야 한다. 예를 들어 주요 2단계 또는 그 이후 학년의 학생들이 대략 1,000개 단어 내외로 서사문을 써야 한다면, 이야기의 시작 부분인 발단에서 등장인물과 배경을 어디까지 다룰 것인지 신중하게 판단해야 한다. 그런데 실제로 학생들은 이를 생략한 채 글을 쓰는 경우가 많다. 피라미드 구조 또는 이와 유사한 서사 구조를 활용하면 이야기의 진행 속도를 조절하며 대략적인 이야기 구상을 할 수 있다(그림 7.3을 보라).

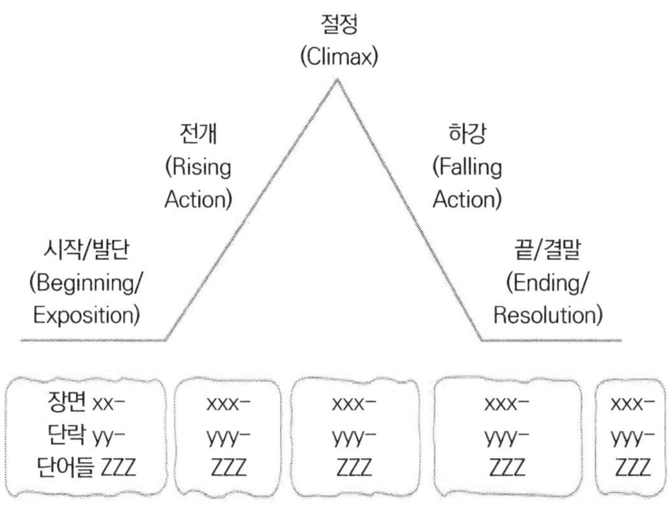

그림 7.3 이야기 타임라인 스케치

- **7가지 기본 플롯 활용하기.** 서사문 쓰기에서 호러나 미스터리와 같은 장르를 중심으로 이야기 구조를 살펴보는 방식은 서사문 쓰기의 전통적인 지도법이다. 교사가 장르적 특성에 초점을 두고 지도하면 학생들은 장르별 전형적인 모범 사례를 분석하는 데 그치지 않고 서사 구조와 아이디어를 모방하거나 창의적으로 변형시킨다. 영국 작가 크리스토퍼 부커(Christopher Booker)는 그의 기념비적인 저서 『7가지 기본 플롯(The Seven Basic Plots)』에서[9] 세상의 모든 이야기는 다음 일곱 가지 원형 플롯 중 하나에 속한다고 주장했다.

1. **악당 무찌르기(Overcoming the monster):** 영웅이 악당과 맞서 싸워 악당을 물리친다. 여기서 악당은 반드시 괴물일

필요는 없다.

예: 『베오울프(Beowulf)』, 『드라큘라(Dracula)』

2. 빈털터리에서 부자로 성장하기(Rags to riches): 하찮고 가난했던 인물이 성장하여 비범한 존재가 된다.

예: 『위대한 유산(Great Expectations)』, 『위대한 개츠비(The Great Gatsby)』

3. 모험의 여정(The quest): 영웅이 수많은 장애물을 극복하고 궁극적인 목표를 달성한다.

예: 『반지의 제왕(Lord of the Rings)』, 『탐험가(The Explorer)』

4. 여행과 귀환(Voyage and return): 영웅이 익숙한 세계를 떠나 낯선 공간을 경험하고 다시 돌아온다.

예: 『이상한 나라의 앨리스(Alice in Wonderland)』, 『오즈의 마법사(The Wonderful Wizard of Oz)』

5. 코미디(Comedy): 주인공 남녀가 갈등과 시련을 극복하고 행복한 결말을 맞이한다.

예: 『오만과 편견(Pride and Prejudice)』, 『프린세스 브라이드(The Princess Bride)』

6. **비극(Tragedy):** 주인공이 잘못된 선택으로 인해 파멸한다.

예: 『멕베스(Macbeth)』, 『1984』

7. **부활(Rebirth):** 문제를 안고 있던 인물이 속죄하고 새로운 삶을 시작한다.

예: 『크리스마스 캐럴(Christmas Carol)』, 『미녀와 야수(Beauty and the Beast)』

부커는 플롯에 공통적으로 나타나는 이야기 전개 방식을 제시하였다. 그의 저서에서 제시한 이야기 전개 방식의 교육적 가치는 학생들이 다양한 플롯의 예를 비교하고 토론하는 과정에 있다. 학생들은 플롯과 이야기 전개 방식을 익히면 이를 자신의 글쓰기에 적용할 수 있게 된다.

- **인물 설정.** 플롯의 이야기 전개 방식은 대체로 독자에게 익숙한 전형적 인물과 맞물려 있다. 학생들이 이러한 전형적인 인물 유형을 탐구하면, 이야기 구상을 위한 다양한 아이디어를 얻고 이야기 구성의 틀을 보다 잘 이해할 수 있다. 전형적 인물을 분류하는 방법은 다양하다. 그 예로는 블라디미르 프로프(Vladimir Propp)를 들 수 있다. 전형적 인물의 유형은 다음과 같다.

1. **악당(The villain):** 모리아티 교수(Professor Moriarty), 볼드모트(Voldemort)
2. **영웅(The hero):** 오브프레드(Offred), 캣니스 에버딘(Katniss Everdeen)

3. **조력자(The helper):** 샘와이즈 갬지(Samwise Gamgee), 헤르미온느 그레인저(Hermione Granger)
4. **멘토(The mentor):** 간달프(Gandalf), 요정 대모(the Fairy Godmother)
5. **가짜 영웅(The false hero):** 드레이코 말포이(Draco Malfoy), 제이 개츠비(Jay Gatsby)
6. **공주(The princess):** 라푼젤(Rapunzel), 엘리자 둘리틀(Eliza Doolittle)

이러한 인물 유형은 학생들에게 창작의 영감을 준다. 이때 인물의 예시와 서사문의 관습을 그대로 따를 수도 있지만, 의도적으로 전복하거나 거부하여 새로운 이야기를 창조하는 방식으로 활용할 수도 있다.

- **쓰기 워크숍 열기.** 교사가 학생들의 글쓰기 계획을 효과적으로 지원할 수 있는 실천 전략 중 하나는 바로 쓰기 워크숍(The writing conference)이다.[10] 쓰기 워크숍에서는 교사와 학생 간에 구조적인 대화가 이루어져야 한다. 먼저 교사는 이야기의 요소를 설명하고, 글쓰기의 '계획하기', '초고 쓰기', '수정하기', '편집하기'의 과정을 안내하는 피드백을 제공한다. 피드백은 이야기의 구성 요소, 즉 플롯 구조, 어휘 선택, 이미지 표현 등에 초점을 맞추어 제공되어야 한다. 학생들은 쓰기 워크숍 활동을 하면서 서사문 쓰기 능력을 향상할 수 있다.

단락 다듬기

글쓰기에서 글의 기본 단위인 문장 쓰기만큼이나 단락을 완벽하게 다듬는 일도 중요하다. 에세이, 이야기, 논술형 문제 답안을 작성할 때도 글쓰기 계획은 단락을 구성하는 작업부터 시작한다.

단락에 관한 규범을 만들거나 이를 따르게 하려는 시도는 오히려 글쓰기를 더 어렵게 만들 수 있다. 예컨대 신문 기사는 가독성을 높이기 위해 단락 사이에 여백을 두어야 하므로 한두 문장으로 구성된 짧은 단락이 자주 사용된다. 반면, 학술적 에세이에서는 논증을 위해 주장과 근거를 제시해야 하므로 신문 기사보다 훨씬 긴, 때로는 열 배에 달하는 단락이 요구되기도 한다.

수많은 정보 글과 에세이는 대개 주제문으로 시작한다. 여기서 주제문은 해당 단락의 중심 내용을 요약한 문장을 말한다. 하지만 모든 글이 반드시 이러한 관습을 따르는 것은 아니다.

그렇다면, 적절한 단락의 길이는 어느 정도일까? 단락은 몇 개의 문장으로 구성되어야 할까? 단락은 하나의 아이디어나 주제에만 집중해야 할까? 정답은 '그렇다'이지만, 사실 그렇지 않을 때도 있다. 특히 글을 잘 쓰지 못하는 학생에게 '형식에 구애받지 말고 자유롭게 써도 괜찮다'라는 식의 조언은 별로 도움이 되지 않는다. 따라서 교사는 단락을 의미 있게 구성하는 원리, 단락 간의 응집성과 통일성을 유지하는 방법, 그리고 단락을 자연스럽고 효과적으로 구성하는 방법을 명시적으로 지도해야 한다.

다음은 학생들이 작성한 단락을 수정할 때 활용할 수 있는 실천 전략이다.

- **핵심 개념이 무엇인가?.** 학생들은 글을 계획하거나 여러 단락으로 구성된 확장형 에세이를 수정할 때 각 단락의 핵심 개념을 명확히 설명할 수 있어야 한다. 교사는 학생들에게 '이 단락의 핵심 개념이 무엇인가?'라는 질문을 할 수 있다. 특히, 주제문은 핵심 개념을 분명하게 드러내야 한다. 단락 수정 단계에서도 이와 동일한 질문을 던질 수 있다. 또한 교사는 학생들에게 핵심 개념을 보다 효과적으로 설명하기 위해 근거나 예시를 충분히 활용했는지, 적절한 어휘를 선정했는지를 스스로 점검하도록 안내해야 한다.

- **단락 줄이기.** 단락의 핵심 정보를 파악하는 방법 중 하나는 글쓰기 과정을 역추적해 보는 것이다. 학생들이 한 단락 또는 여러 단락을 쓴 뒤에 각 단락의 내용을 몇 개의 단어나 문장으로 축약해 볼 수 있다. 또한 이를 바탕으로 글을 요약할 수 있고, 자신이 제시한 아이디어가 얼마나 명확하게 전달되었는지를 스스로 평가할 수 있다. 예컨대 8학년 글쓰기 수업에서 '지속 가능한 생태계'에 대한 주제로 설명문을 쓰고나서 단락을 줄이는 활동을 해 보면 주제문을 만드는 데 도움이 될 수 있다.

- **여백 활용하기.** 디지털 환경에서 글을 읽는 일이 일상화되면서 짧고 가독성 높은 단락 중심의 글쓰기 방식으로 바뀌고 있다. 책의 여백 공간의 특성을 고려해 한 문장으로 단락을 쓰면 수사적 효과를 극대화할 수 있다. TES

온라인 기사 등에서도 볼 수 있듯이, 전문 작가들은 독자의 관심을 끌고 가독성을 높이기 위해 단락의 여백을 전략적으로 배치한다. 사실 여백을 활용하는 전략은 최근의 디지털 글쓰기 시대에 등장한 방식이 아니다. 영어 교사이자 학교장인 필 스톡(Phil Stock)은 "여백은 시를 창작하고 감상하는 데 필수적인 요소"라고 말했다.[11] 이처럼, 여백은 고전적 글쓰기의 한 방식이었다. 따라서 학생들에게 여백의 필요성과 효과를 명시적으로 전달하는 것이 단락 구성 능력을 키우는 데 큰 도움이 된다.

- **신호등 색 체계로 단락 구성하기.** 단락의 통일성과 명료성을 점검하는 간단하면서도 효과적인 실천 전략 중의 하나가 신호등 색 체계를 활용하는 것이다. 예를 들면, 도입부 또는 주제문은 초록색, 단락의 본문은 노란색, 결론은 빨간색으로 구분하여 표시해 본다. 이처럼 단락을 세 부분으로 나누어 시각적으로 정리하면 단락의 구조를 쉽게 파악하고 평가할 수 있다. 도입부에서 주제나 논점을 명료하게 제시하고 있는지?, 본문에서 증거와 예시를 충분히 제시하고 있는지?, 결론에서 핵심 쟁점과 여러 근거를 종합하여 정리하고 있는지?를 기준으로 단락의 완성도를 점검할 수 있다.

- **도해 조직자 활용하기.** 글을 계획하고 아이디어를 체계적으로 조직하는 데 유용한 도구가 바로 도해 조직자(Graphic organizers)이다. 도해 조직자는 글의 내용과 구조에 따라 다양한 형태로 변형하여 사용할 수 있으며, 특히 단락 구조를 설계하는 데 매우 효과적이다. 다음은 도해 조직자의 예이다.

1. **T형 다이어그램:** 균형 잡힌 논증문 쓰기 과제에 적합하며, 상반된 주장을 공평하게 정리할 때 유용하다(그림 7.4 참고).
2. **개념도:** 정보 전달을 위한 글쓰기 과제에 적합하며(예: 특정 지역에 관해 설명하는 지리학 보고서) 아이디어와 개념 간의 관계를 시각적으로 도식화하는 데 유용하다(그림 7.5 참고).
3. **생선뼈 다이어그램:** 원인과 결과의 관계를 시각적으로 나타내는 데 효과적이며 복잡한 논증문(예: 제1차 세계대전의 원인에 관해 탐구하는 역사 에세이)을 쓸 때 유용하다(그림 7.6 참고).
4. **설득 구조도:** 논증과 설득 목적의 글쓰기를 계획하고 조직하는 데 유용하다(그림 7.7 참고).

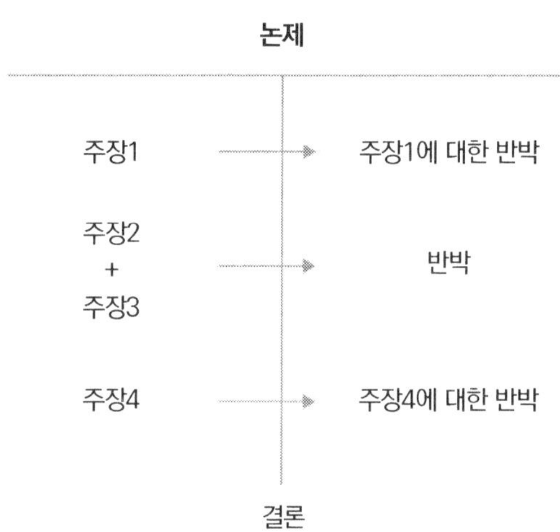

그림 7.4 T형 다이어그램

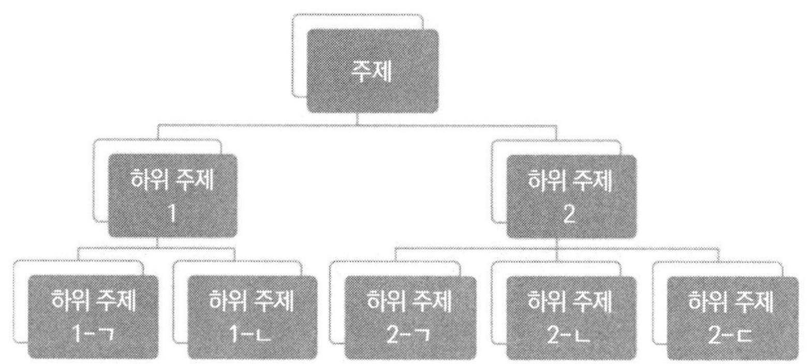

그림 7.5 개념도

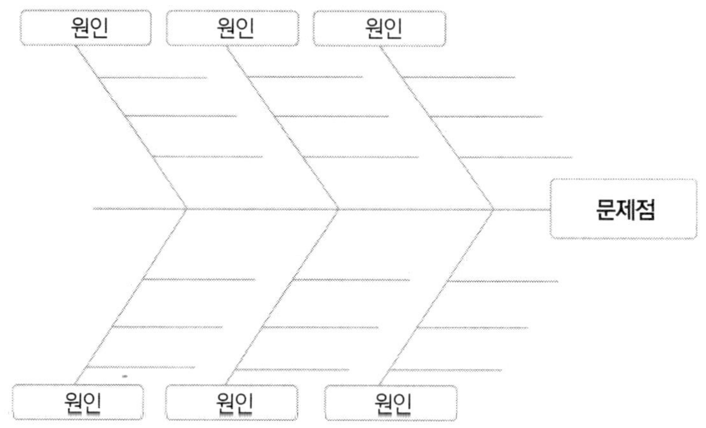

그림 7.6 생선뼈 다이어그램

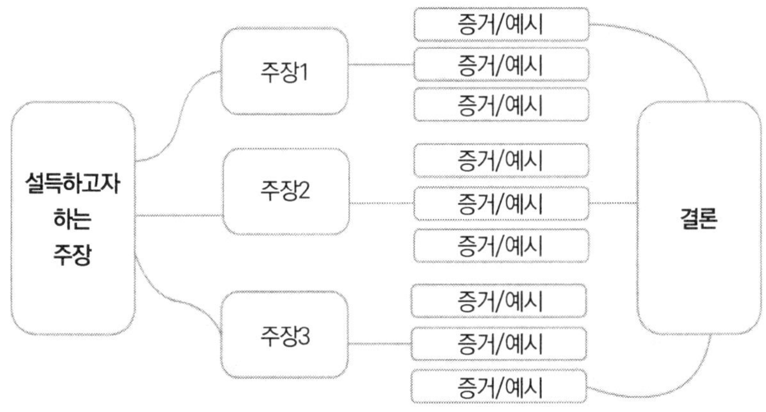

그림 7.7 설득 구조도

글쓰기 능력을 키울 수 있는 '구조화된 대화'를 연습하기

고대 시대부터 글쓰기, 말하기, 연설은 글쓰기 교육과 불가분의 관계였다. 퀸틸리안과 아리스토텔레스조차 말하기와 글쓰기를 별개의 기능으로 보지 않았다. 오늘날에도 글쓰기 과정 전반과 글쓰기 활동에서 교사와 학생 간, 그리고 학생 간의 상호작용은 매우 중요하다.

글쓰기 과제는 여러 복잡한 단계를 거쳐야 하므로 구두로 아이디어를 탐구하는 과정이 성공적인 글쓰기에 필수 요건이다. 실제로 이를 뒷받침하는 연구 결과들이 다수 발표되었다. 예컨대 논증문을 쓸 때 주제의 쟁점에 관한 대화와 상호작용이 글의 수준을 높이는 데 효과적이라는 연구 결과가 있다.[12]

구조화된 대화(Structured talk)는 글쓰기의 전 과정에서 다양한 방식으로 활용될 수 있다. 쓰기 전 단계(Before writing)는 내용을 생각하고 사고를 확장하는 데 도움을 주며, 쓰기 중 단계(During writing)는 자신의 글을 명확하게 설명하거나 타인의 질문을 통해 비판적으로 생각해 볼 수 있게 한다. 쓰기 후 단계(After writing)는 자신의 글쓰기 과정을 반성하고 개선할 기회를 제공한다. 다음은 글쓰기 능력을 향상하기 위해 구조화된 대화를 활용할 수 있는 실천 전략이다.

쓰기 전 단계:

- **내가 말하고, 네가 말하기.** 배경지식을 활성화하고 다양한 내용을 생성하는 능력은 글의 질을 결정하는 핵심 요소이다. 교사는 학생들이 예상 독자와 주어진 주제에 대한 다양한 관점과 주장을 고려하도록 안내하면 배경지식을 활성화하는 데 도움이 된다. 이때 '네가 말하기' 활동은 학생이 다양한 관점에 반응하고 주어진 글을 수용하도록 돕는다. 특히, 이 지도법은 구조화된 소그룹 활동 안에서 진행할 때 교육적 효과가 크다. 교사는 학생들이 계획하기 단계에서 자신의 생각을 또래 친구와 명시적으로 공유하고 협력적으로 탐색하게 하여 글쓰기를 위한 풍부한 계획을 세울 수 있도록 지원할 수 있다.

- **계획 파트너 지정하기.** 글쓰기 계획 단계에서 활용할 수 있는 또 하나의 초점화된 협동적 교수 전략으로 계획 파트너(Planning partners) 지정

하기 전략이 있다. 이 전략은 명확한 순서와 절차에 따라 다음과 같이 진행한다. 먼저, 학생들이 주어진 주제에 대한 글쓰기 계획을 세운다. 이어서 지정된 짝이 그 계획을 읽고 아이디어를 보강하거나 질문을 주석으로 달며 의견을 나눈다. 마지막으로, 두 학생이 함께 보완한 내용을 논의한다. 이처럼 구조화된 협동적 교수 활동은 학생들의 글쓰기 속도를 조절해 주며 타인의 시선으로 자신의 글을 재검토할 기회를 제공한다. 나아가 특정 독자를 고려하여 글을 구성하는 능력의 중요성을 자연스럽게 인식하게 한다.

쓰기 중 단계:

- **멈추기, 검토하기, 피드백 받기.** 학생들은 글을 쓰는 도중에 자신이 쓴 초안이나 글쓰기 과정을 중단하고, 지금까지 작성한 내용을 검토하는 것을 어려워한다. 이 전략은 학생들이 글쓰기 속도를 늦추는 대신, 수정, 편집, 평가와 같은 핵심적인 글쓰기 과정의 중요성을 인식하고 이를 실천하도록 돕는다. 절차는 비교적 간단하다. 학생이 하나의 문단 또는 단락을 완성한 시점과 같이 특정 시점이나 지점에서 글쓰기를 일시 중단한다. 그다음에는 학생들이 지금까지 쓴 글을 또래나 교사와 함께 읽고 논의하며, 글을 수정하고 편집하는 방법에 대해 피드백을 받는다. 이때 교사의 시범도 매우 중요하다. 비록 이 전략이 글쓰기 진행 속도를 일시적으로 늦추지만, 결과적으로는 글의 완성도를 높이는 데 매우 효과적이다.

- **추가하기, 삭제하기, 수정하기.** 긴 글을 작성하는 과정에서 잠시 멈추고

글을 수정하도록 돕는 전략으로 '추가하기, 삭제하기, 수정하기'가 있다. 이 전략은 말 그대로 학생들이 글을 쓰다가 특정 지점에 멈추고 자신이 작성한 문장을 더 쓰거나 불필요한 내용을 줄이거나 의미에 맞게 문장을 다듬는 것이다. 이 전략에서는 이와 같은 일련의 과정이 편집 단계의 일부라는 점을 인식하는 것이 중요하다. 대다수 학생은 글쓰기의 흐름이 끊기는 것을 꺼리거나 본인이 작성한 글에서 수준이 떨어지거나 불필요한 내용을 삭제하는데 주저하는 경향이 있다. 따라서 교사가 이러한 과정을 정교한 시범과 함께 명시적으로 지도해야 한다.

쓰기 후 단계:

- **작가석[13].** 작가석 활동은 학생이 자신의 글 일부 또는 전체를 교실 앞에서 낭독하고 친구들과 공유하는 활동이다. 이때 교사는 학생 글의 장점을 구체적으로 짚어주는 동시에 학생이 스스로 글을 어떻게 수정하고 보완해야 하는지에 대한 피드백을 친절하게 제공한다. 낭독이 끝난 뒤에는 청중으로 참여한 다른 학생들의 피드백을 듣는다.

- **비평하기.** 이 전략은 글을 수정, 편집, 평가하는 과정에서 학생 글에 대한 단순한 칭찬이나 비판을 넘어서 글쓰기의 질을 높이는 건설적인 피드백을 제공하는 데 목적이 있다. 이 지도법은 미국의 교육학자 론 버거(Ron Berger)가 고안한 방법으로, 그는 학생의 글을 비평할 때 다음과 같은 구두 피드백의 3요소를 갖출 것을 제안하였다.

1. **구체적으로 말하기:** 글쓰기 특정 요소를 중심으로 피드백하기. 예: "문장 연결 표현을 활용하여 글쓰기 과정을 명료하게 설명한 점이 인상적입니다."
2. **친절하게 말하기:** 글의 강점을 중심으로 피드백하기. 예: "독자를 직접적으로 반복해서 언급한 점이 좋네요. 덕분에 글이 독자에게 친근하게 다가옵니다."
3. **도움이 되도록 말하기:** 정확하면서도 생산적인 제안을 담아 피드백하기. 예: "아마존 열대우림 파괴 문제의 심각성을 강하게 드러내기 위해 대용이나 생략과 같은 수사적 기법을 사용해 보면 어떨까요?"

쓰기 동기 부여하기

학생들에게 쓰기 동기를 부여하는 일은 접근하기 어렵고 난해한 과정이다. 이때 학생의 글을 과도하게 칭찬하거나, '모든 사람의 마음속에는 한 편의 소설이 있다'라는 진부한 격려의 말로 동기를 높이고자 한다면 오히려 역효과를 초래할 수 있다. 심지어 교사가 선의의 칭찬을 하더라도, 학생이 문장 구성에 어려움을 느끼고 있다면 글쓰기에 대한 자신감과 동기는 쉽게 흔들릴 수 있다.

학생들의 쓰기 동기를 높이는 방법은 다양하다. 그러나 실제로 효과가 입증된 전략이 있는가 하면, 비현실적이거나 추가 연구가 필요한 전략도 있다. 다음은 학생들의 쓰기 동기를 향상하고 유지하는 데 도움이 되는 실천 전략이다.

- **글쓰기 성공 경험을 심어주기.** 과장된 칭찬은 지속적인 효과를 기대하기 어렵지만, 글쓰기 성공 경험을 갖게 되면 자연스럽게 쓰기 동기가 형성된다.[14] 학생이 문장 구성, 논증 전개, 서사 구성 등 100가지 쓰기 전략을 스스로 선택하고 적용해 보는 과정에서 글쓰기 성공 경험이 쌓인다. 예를 들어 한 학생이 런던 대화재에 대해 배우면서 새뮤얼 피프스(Samuel Pepys)의 시점으로 편지글을 작성해 보는 활동을 해 보면 역사 지식을 더 오래 기억할 수 있을 뿐만 아니라 작가에게 필요한 글쓰기 능력에 대한 자신감, 즉 쓰기 효능감을 갖게 된다.[15] 이렇게 형성된 쓰기 효능감은 나중에 역사 에세이 쓰기를 할 때 강력한 밑바탕이 된다. 론 버거(Ron Berger)는 다음과 같은 명언을 남겼다. "학생이 스스로 훌륭한 글을 쓸 수 있다고 인식하는 순간 그 학생의 글쓰기 태도는 완전히 달라진다. 즉 필자로서 긍정적인 자아 개념을 형성하고 자신의 글쓰기 능력에 대한 잠재력을 믿게 된다."[16]

- **명확한 과제를 제시하기.** 학생들이 글쓰기에 어려움을 겪는 이유를 단순히 '쓰기 동기의 부족'으로만 쉽게 단정해서는 안 된다. 실제로는 과제가 명확하게 제시되지 않았기 때문일 수도 있기 때문이다. 만약, 한 학생의 글에 오류가 많다면, 그것은 그 학생의 쓰기 동기가 부족한 탓일까? 아니면 철자나 문법에 대한 이해가 부족해서 초고를 제대로 다듬지 못했기 때문일까?를 생각해 보아야 한다. 즉, 교사가 명확한 글쓰기 과제를 제시한다는 것은 다양한 모범문과 충분한 예시를 제공한다는 것을 의미한다. 또한 교사가 글쓰기 과제를 학생 수준에 맞게 단계별로 세분화하여 제시하고, 글쓰기 목표를 반복해서 강조하며, 학생 스스로 자신의 글쓰기를 점검할 수 있는 체크리스트를 함께 만들어 보는 것 역시 효과적인 지원 방식이

될 수 있다. 이와 같은 지원은 학생들이 글쓰기 과제를 보다 명시적으로 이해하도록 돕는다.

- **글쓰기 습관 형성하기.** 글쓰기는 감정적 에너지를 소모하고 작업 기억을 최대한 활용해야 하는 고난도의 인지적 활동이다. 그래서 글을 쓰는 도중에 작성한 내용을 점검하고, 수정하고, 편집하는 일은 대부분 학생에게 고된 과정으로 느껴진다. 이러한 글쓰기 과정을 습관처럼 만들어 줄 수 있다면 학생들의 쓰기 동기를 한층 높일 수 있다. 예를 들어 매일 정해진 시간에 가독성 높은 글을 쓰는 목표를 세우고 매일 짧은 글을 쓰는 활동을 해 볼 수 있다. 또한 교실에 여러 장치(Classroom cues),[17] 예컨대 학급 게시판에 문장 연결 표현이나 골디락스 모범 예시문 등을 게시해 두면 학생들의 쓰기 습관을 형성하는 데 도움이 된다.

- **실제적인 글쓰기 활동하기.** 교사는 학생들이 글쓰기의 가치를 인식하고 동기를 부여하기 위해 실제적인 글쓰기 상황을 마련해야 한다. 물론 모든 교실 수업에서 실제 독자를 대상으로 한 글을 쓸 수 있는 것은 아니다. 예를 들어 GCSE 화학 시험에서 공유 결합(covalent bonding)에 대한 노트를 작성하는 과제는 국무총리에게 건의문을 작성하는 글쓰기 과제처럼 명확한 독자가 상정되어 있지 않다. 그러나 학생들은 글쓰기 과제를 수행하면서 실제 청중을 인식하게 되면 의미 있는 과제로 인식한다. 따라서 또래 학습자를 서로의 독자로 설정하여 구조화된 피드백을 주고받는 활동을 하면 학생들이 글쓰기에서 매우 중요한 요소인 실제 독자를 인식하며 글을 쓰는 능력을 기르는 데 도움이 된다.

• **의미 있는 글쓰기 과제 제공하기.** 학생들의 쓰기 동기는 글쓰기 과정에서 달라질 수 있다. 많은 교사와 학생이 공감하겠지만, 어떤 글쓰기 과제는 흥미롭게 느껴지고 또 어떤 과제는 지루하게 느껴질 수 있다. 그러므로 학생들의 삶과 경험에 기반한 글쓰기 활동을 구성한다면 보다 의미 있는 글쓰기 경험으로 만들어 줄 수 있다. 예를 들어 그들의 가족, 개인적인 관심사, 지식 자본(funds of knowledge)[18]을 활용한 글쓰기 과제가 그 예이다. 한편, 시험 답안 작성이나 노트 필기와 같은 교사 중심의 글쓰기 활동도 교사에 대한 학생의 신뢰와 존중이 뒷받침된다면 쓰기 동기를 형성할 수 있다. 교사가 진정성 있는 피드백을 제공하면 학생들도 교사를 향한 신뢰와 존경심을 갖게 된다.

• **선택권과 자율성 주기.** 학교에서의 하루는 학생들에게 마치 고속 열차처럼 빠르게 지나간다. 그래서 학생들은 교실 안에서 무언가를 선택할 기회가 제한적이다. 학교 글쓰기 과제에서 학생에게 선택권을 주는 데 비록 현실적인 제약이 있지만 학생의 쓰기 동기를 높일 수 있는 무수한 크고 작은 기회들은 분명 존재한다. 만약, 학생에게 '큰 선택권'을 주려면 국어 수업에서 자유 주제로 창의적인 글을 쓰는 과제를 수행하게 할 수 있다. 반면, '작은 선택권'을 주려면, 5학년 미술 수업에서 위대한 예술가에 관한 글을 쓸 때 계획하기 전략을 스스로 선택하도록 안내할 수 있다. 한편 글쓰기 과제에서 학생에게 주는 선택권은 교실 맥락을 고려해 신중하게 결정해야 한다. 특히 글을 잘 쓰지 못하는 학생에게 과도하게 선택권을 주면 오히려 부담으로 작용해 쓰기 동기가 저하될 수 있다. 하지만 글을 잘 쓰는 학생에게는 적절한 자율성이 쓰기 동기를 고취하는 데 도움이 된다.

글쓰기에 어려움을 겪는 학생들의 쓰기 격차 문제는 교사에게 늘 시급한 과제이다. 그래서 교사는 당장이라도 새롭고 다양한 실천 전략들을 시도하고 싶은 마음을 갖는다. 그러나 막상 이를 수업에 적용해 보면 기존에 해오던 수업에 새로운 지도법을 접목하기가 쉽지 않다. 이럴 때일수록 교사는 글쓰기 지도에 있어서 신중하면서도 낙관적인 태도를 유지해야 한다. 여기서 핵심은 교사가 기존의 수업 방식 안에서 실천할 수 있고 지속 가능한 새로운 지도법을 찾아 적용해야 한다는 점이다.

교실에서 실천 전략을 적용할 때는 다음과 같은 질문을 던져볼 수 있다.

- 기존의 수업 흐름을 해치지 않으면서 자연스럽게 통합할 수 있는 작은 실천 전략은 무엇인가?
- 기존에 해오던 글쓰기 지도 방식을 유지하되, 방법을 달리하여 지속적으로 활용할 수 있는 실천 전략은 무엇인가?
- 기존에 해오던 글쓰기 지도 방식 중에서 줄이거나 중단할 실천 전략은 무엇인가?
- 이러한 실천 전략들이 학생의 글쓰기 능력과 태도에 긍정적인 영향을 주고 있는지를 어떻게 판단할 수 있는가?

주석

1. Education Endowment Foundation. (2019). *Improving literacy in secondary school guidance report.* London: Education Endowment Foundation.

2. Graham, S., & Hebert, M. A. (2010). *Writing to read: Evidence for how writing can improve reading.* A Carnegie Corporation Time to Act Report. Washington, DC: Alliance for Excellent Education.

3. Dunlosky, J., Rawson, K. A., Marsh, E. J., Nathan, M. J., & Willingham, D. T. (2013). Improving students' learning with effective learning techniques: Promising directions from cognitive and educational psychology. *Psychological Science in the Public Interest, 14,* 4–58. 출처: http://doi.org/10.1177/1529100612453266.

4. Keck, C. (2006). The use of paraphrase in summary writing: A comparison of L1 and L2 writers. *Journal of Second Language Writing, 15*(4), 261–278.

5. Graham, S., Harris, K. R., & Chambers, A. B. (2016). Evidence-based practice and writing instruction: A review of reviews. In C. A. MacArthur, S. Graham, & J. Fitzgerald (Eds.), *Handbook of writing research* (pp. 211–226). New York: The Guilford Press.

6. Rohbanfard, H., & Proteau, L. (2011). Learning through observation: a combination of expert and novice models favors learning. *Experimental Brain Research, 215,* 183–197.

7. Shanahan, T. (2020). Does 'modeling' have a place in high quality literacy teaching? 출처: https://shanahanonliteracy.com/blog/does-modeling-have- a-place-in-high-quality-literacy-teaching.

8. Graham, S., & MacArthur, C. (1988). Improving learning disabled students' skills at revising essays produced on a word processor: Self-instructional strategy training. *The Journal of Special Education, 22*(2), 133–152. 출처: https://doi.org/10.1177/002246698802200202.

9. Booker, C. (2005). *The seven basic plots: Why we tell stories.* London: Bloomsbury.

10. Graves, D. (1982). Six guideposts to a successful writing conference. *Learning, 11*(4), 76–77.

11. Stock, P. (2021, September 4). *Disciplinary Literacy.* researchED National Conference, London.

12. Hemberger, L., Kuhn, D., Matos, F., & Shi, Y. (2017). A dialogic path to evidence-based argumentative writing. *Journal of the Learning Sciences, 26* (4), 575–607. doi:10.1080/10508406.2017.1336714.

13. Graham et al. (2012). Teaching elementary students to be effective writers: A practice guide (NCEE 2012-4058). Washington, DC: National Centre for Education Evaluation and Regional Assistance, Institute of Education Sciences, US Department for Education. 출처: http://ies.gove/ncee/wwc/publications_reviews.aspx#pubsearch.

14. Marsh, H. W., & Martin, A. J. (2011). Academic self-concept and academic achievement: Relations and causal ordering. *British Journal of Educational Psychology, 81,* 59–77. 출처: https://doi.org/10.1348/000709910X503501.

15. Pajares, F. (2003). Self-efficacy beliefs, motivation, and achievement in writing: A Review of the literature. *Reading & Writing Quarterly, 19*(2), 139 –158. doi:10.1080/10573560308222.

16. Berger, R. (2003). *An ethic of excellence: Building a culture of craftsmanship*

with students. New Hampshire: Heinemann Educational Books.

17. Fletcher-Wood, H. (2021). *Habits of success: Getting every student learning.* Oxon: Routledge.

18. Vélez-Ibáñez, C. G., & Greenberg, J. B. (1992). Formation and transformation of funds of knowledge among US Mexican households. *Anthropology & Education Quarterly, 23*(4), 313–335.

다음 단계

DOI: 10.4324/9781003179962-8

모든 교사는 작가나 다름없다. 매일 이메일을 작성하고, 수업 지도안을 쓰며, 학생들의 글에 피드백을 남긴다. 때로는 하루를 마무리하며 소설을 창작하는 교사도 있다. 이처럼 교사의 삶에는 늘 글이 함께 한다. 하지만 교사가 글을 잘 쓴다고 해서 글을 잘 쓰지 못하는 학생을 효과적으로 지도할 수 있는 것은 아니다.

앞에서 언급한 영국에는 약 700만 명의 성인이 '기능적 문맹(functionally illiterate)'이라는 사실에 대해 다시 이야기해 보자. 이는 실감하기 어려운 수치일 수 있다. 물론 이 책을 읽는 독자라면 당연히 700만 명에 속하지 않을 것이며, 이들과 한 번도 마주친 적이 없을 수도 있다. 그러나 이 사실은 그리 놀랄 만한 일은 아니다. 이들의 어려움은 학계에서 제대로 조명된 적이 없으며 이들이 보낸 학교생활 역시 대부분 기록되지 않았기 때문이다.

나의 아버지 역시 글쓰기에 어려움을 겪으며 살아온, 이름 없는 사람들 중의 한 명이다. 그러나 아버지는 언제든 뉴스를 시청하고, 리버플 에코의 스포츠 기사를 읽으며, 누구와도 정치 토론을 할 수 있다. 그럼에도 불구하고 그의 삶에는 글쓰기의 힘을 발휘하지 못한 순간들이 꽤 많았다. 아마도 누군가에게 끝내 보내지 못한 편지, 상사에게 보내야 할 항의 메일, 새로운 기회를 얻기 위해 작성하지 못한 이력서 등이 그 예일 것이다.

나의 아버지는 글쓰기를 잘하지 못해도 지금까지 별문제 없이 잘 살고 있다. 사실 많은 학생들이 글쓰기에 능숙하지 않은 채로 학교생활을 이어간다. 그러나 그들의 실상은 어디에도 좀처럼 드러나지 않는다. 글쓰기 격차는 곳곳에서 좌절감을 주는 데도 말이다. 철자를 제대로 쓸 줄 모르는 학생을 어떻게 도와야 할지 몰라 막막해하는 교사의 좌절, 그리고 SPaG(맞춤법, 문장 부호, 문법)와 관련한 자녀의 숙제를 도와주지 못하는 부모의 좌절이 그 예이다.

나는 아버지의 삶을 자랑스럽게 생각한다. 그렇지만 그가 학교를 졸업할 즈음에도 글을 제대로 쓰지 못했다는 사실, 그로 인해 감당해야 했던 수많은 제약, 시도조차 하지 못한 도전과 기회들을 떠올리면 나는 지금도 마음 한구석이 무겁다.

우리는 학교에서 평등과 같은 공허한 개념이나, 사회적 이동성이라는 추상적인 논의를 종종 접하곤 한다. 하지만, 이 문제의 실질적인 해결책은 어디에 있을까? 문해력 저하라는 거대하고 막막한 문제를 해결하려면 실현 가능하고 의미 있는 목표와 실용적인 실천 전략으로 풀어내야 한다. 교사는 그 출발점에 서 있다. 학교생활의 성패를 좌우하는 글쓰기 능력이 필요한 학생들을 위하여 교사는 쓰기 격차를 해소하는 첫걸음을 내디뎌야 한다.

우리는 지금 그 어느 때보다도 글쓰기가 대중화된 시대에 살고 있다. 그러므로 모든 학생이 자신 있게 글을 쓸 수 있는 능숙한 필자로 성장해 학교를 졸업할 수 있도록 지원하는 일은 더 이상 미룰 수 없는, 미뤄서도 안 되는 선결 과제이다.

글쓰기 평가로 쓰기 격차를 해소하기

『나니아 연대기(The Chronicles of Narnia)』, 『피터래빗 이야기(The Tale of Peter Rabbit)』, 『파리대왕(Lord of the Flies)』, 『바람과 함께 사라지다(Gone with the Wind)』와 같은 고전 문학 작품들의 공통점은 무엇일까? 이 작품들은 모두 한때 여러 출판사로부터 거절을 당했던 경험이 있다. 이처럼, 글을 평가하는 일은 그리 간단하지 않다.

글의 수준을 평가하는 일은 매우 까다로운 작업이다. 과학 문제의 단답형 답안이든 영어로 쓰는 긴 에세이든 마찬가지이다. 그보다 더 중요한 것은 교사가 학생들에게 글쓰기 능력을 향상할 수 있도록 의미 있고 효과적인 피드백을 제공하는 일이다. 쓰기 평가는 단지 학생의 글을 평가하는 도구가 아닌, 교사의 글쓰기 지도 효과를 가늠하는 중요한 지표이기 때문이다.

교사는 글쓰기 과정을 시범 보이거나 평가 기준을 상세화하거나 학생 글을 비교하는 일은 비교적 익숙하다. 하지만 여전히 학생의 글을 정확하게 평가하는 데 어려움을 느끼는 경우가 많다. 교사가 쓰기 평가를 잘하기 위해서는 충분한 시간과 훈련이 필요하며, 특정한 장르,

과제, 예상 독자에 대한 기대와 요구를 깊이 이해할 수 있어야 한다.

실제로 교사의 글쓰기 평가는 진공 상태에서 이루어지지 않는다. 국가 논술 시험의 평가 기준과 예시 문항은 학생의 글쓰기 연습에 영향을 준다. 또한 평가표에 제시된 등급 평정에 관한 기술은 그것이 담고 있는 내용을 넘어 교육 현장에 큰 파급 효과를 낳는다. 예컨대 초등학교에서 문장 부호 사용의 정확성을 평가 기준에서 강조하면 해당 요소가 글쓰기의 절대적인 기준처럼 받아들여지며, '개인의 취약점(particular weakness)'[1]의 허용 범위를 두고 불필요한 논쟁까지 일어날 수도 있다.

교사가 글쓰기 과제, 평가, 피드백을 신중하게 설계하지 않으면 학생들의 글쓰기는 고작 시험 형식에 맞춰 답을 쓰는 기계적 답안 작성 훈련으로 전락할 위험이 있다.

이처럼 글쓰기 평가의 목적을 설정하는 일은 매우 중요하다. 글쓰기가 국가 성취도 평가나 모의 평가와 같은 형식으로 활용되기도 하며, 교사는 총괄평가의 일환으로 학생의 성취도를 파악하거나 서열을 매기기 위해 글쓰기 평가를 실시하기도 한다. 이러한 평가는 글쓰기에 어려움을 겪는 학생을 조기에 진단하는 '조기 경보(early warning)' 체계로 사용하거나 반 편성과 같은 의사결정의 기초 자료로 활용된다. 이러한 맥락에서 글쓰기 평가는 신중하고 세심하게 이루어져야 한다.

한편, 교실에서 이루어지는 대부분의 쓰기 평가는 학생에게 과도한 부담을 주지 않아야 하며 형성 평가처럼 저부담 평가 중심으로 이루어져야 한다. 교실 속 글쓰기 활동은 교사의 명시적 지도와 함께, 글쓰기의 전 과정, 즉 계획하기, 문장 구성하기, 수정하기, 편집하기, 다시 수정하기의 과정을 수행하는 방식으로 이루어져야 한다.

교사와 학교 관리자는 글쓰기를 어떻게 평가할 것인지, 그리고 이를 교육과정에서 언제 다룰 것인지를 두고 끊임없이 고민한다. 초등학교에서는 국가 수준 교육과정에서 글쓰기 평가의 기본 틀을 제공하는 데 반해 중등학교에는 상대적으로 체계적인 지원이 부족한 편이다. 물론 중등학교에도 글자 쓰기, 맞춤법, 계획하기 전략 등을 포괄하는 평가 기준이 존재하지만, 교과목 특성에 따라 쓰기 발달 특성이 다르므로 이를 평가하기가 쉽지 않다. 글쓰기를 효과적으로 지도하기 위해서는 중등교육의 입문 단계인 주요 3단계부터 학문적 글쓰기의 특성을 익히고, 교과와 연계된 어휘 지식을 충분하게 습득하고 또 이를 실제 글쓰기 활동에서 적용하고 반복적으로 연습할 수 있도록 교육과정을 설계해야 한다.

교과목에서 사용하는 글쓰기 평가 루브릭은 마치 체스 게임처럼 복잡한 글쓰기를 요소별로 세분화하여 평가하기 위해 고안된 것이다. 이러한 루브릭은 모든 학년의 교사들이 글쓰기 지도를 하거나 다양한 글쓰기 과제를 개발하는 데 유용한 기초 자료가 된다. 예를 들어 서사문 쓰기에 대한 쓰기 평가 도구인 WAM(Writing Assessment Measure)[2]은 학생들이 주어진 주제에 대해 15분 동안 글을 쓴 뒤에 글쓰기 결과물을 다음과 같은 요소에 따라 평정하도록 설계되어 있다.

- 글씨 쓰기(반듯하고, 가독성 있으며 유창하게 쓰기)

- 맞춤법(복잡하고 어려운 어휘, 불규칙 단어를 정확하게 쓰기)
- 문장 부호(문장 구조를 명확하게 드러내고 문장 부호를 효과적으로 사용하기)
- 문장 구조 및 문법(복잡한 문장을 문법적으로 정확히 구사하기)
- 어휘(의미를 효과적으로 전달하면서도 문맥에 맞는 단어를 사용하기)
- 내용 조직과 글의 구조(통일성과 응집성을 갖춘 내용 구성하기)
- 아이디어(독자의 관심을 유발하는 흥미롭고 창의적인 아이디어 제시하기)

이러한 쓰기 요소들은 과제 유형, 장르, 교과 학문 분야의 글을 막론하고 공통적으로 요구되는 평가 기준이다.

교사는 학생들에게 기대하는 쓰기 전략을 세분화하여 이를 바탕으로 만든 구조화된 쓰기 평가 기준표로 학생의 글을 평가한다. 이때 글쓰기 평가 과정에서 무의식적으로 작용하는 편향적 태도를 경계할 필요가 있다. 한 연구에 따르면 글쓰기 평가자가 내용 구성 면에서 잘 쓴 글이라 하더라도 맞춤법, 문법 오류가 많으면 동일한 수준의 글을 더 낮게 평가하는 경향이 있다고 한다.[3] 이는 평가자가 학생 글의 실제 내용적 완성도보다는 표면적인 요소에 쉽게 영향을 받는다는 점을 시사한다.

중등교육 현장에서는 맞춤법, 문장 부호, 문법을 개별 요소로 평가하지만, 글씨는 평가 기준에서 제외되는 경우가 일반적이다. 왜냐하면 대부분의 중등 교사가 글씨 평가에 익숙하지 않기 때문이다. 물론 여러 교과목에서 글쓰기는 학생의 지식 수준을 드러내는 수단으로 활용된다. 예를 들어 화학 수업에서의 퀴즈 활동이나 식품영양학 과목에서의 글쓰기 활동은 문체, 구조, 문법적 정확성보다 글에 담긴 배경지식, 즉 아이디어, 논리성, 표현력이 중요한 평가 요소가 된다.

교사는 글쓰기 평가의 목적에 대해 숙고해 보아야 한다. 학생의 배경지식을 평가하려는 것인가, 아니면 글쓰기 능력을 평가하려는 것인가, 혹은 이 두 가지 모두를 평가하려는 것인가?

교사가 학생의 글을 평가할 때 활용할 수 있는 전통적인 방법 중 하나가 '비교 판정법(comparative judgement)'[4]이다. 이 방법은 두 편의 글 중 어느 글이 더 나은지를 판정하는 방식으로, 글쓰기 평가의 신뢰도를 높이는 데 효과적이다. 여러 교사들의 판정 결과를 종합하면 개별 평가 척도보다 신뢰도 높은 평가 척도를 만들 수 있다. 이 방법은 '좋은 글(good writing)'이라는 추상적인 개념에서 벗어나, 실제 글 사례를 중심으로 평가할 수 있다는 점에서 실용적이다. 이를 바탕으로 No More Marking이라는 기관에서는 비교 판정법을 활용한 전국 온라인 평가 플랫폼을 개발하여 방대한 양의 평가 사례를 축적하고 있으며, 이곳에서 축적한 자료들은 교사들에게 유용한 통찰을 제공하고 있다.

두 편 이상의 글을 비교하여 평가하는 방식은 이미 많은 교사에게 익숙한 방법이다. 이 방법은 복잡하고 모호한 쓰기 평가 기준표에 얽매이지 않고 학생의 강점과 약점을 명확히 평가할 수 있다는 점에서 유용하다. 데이지 크리스토두로우(Daisy Christodoulou)는 GCSE

영어 시험의 평가 기준이 불명확하며 이를 글쓰기 평가에 적용하기에도 어렵다는 점을 지적한 바 있다.

> 평가 기준의 설명이 지닌 한계점은 충분히 예상할 수 있다. 예컨대 평가 요소 중에서 '호소력(compelling)'과 '강렬한 몰입감(highly engaging)'은 어떻게 다른 것인가? 그리고 글의 구조적인 측면에서 '효과성(effective)'과 '창의성(inventive)'은 어떤 차이가 있는가?
>
> *「비교 판정법: 글쓰기 평가의 새로운 패러다임은 무엇인가?」*
> *데이지 크리스토두로우(Daisy Christodoulou)*[5]

예전에 나는 글쓰기 평가 기준표를 꼼꼼히 분석한 뒤에 이를 학생 친화적(pupil friendly)인 언어로 바꾸는 작업에 상당한 노력을 기울인 적이 있다. 그러한 노력에도 불구하고 학생들은 여전히 평가 기준표의 내용을 명확히 이해하지 못했다. 반면, 내가 직접 예시 답안이나 모범 사례를 제시했을 때는 학생들은 과제의 요구 사항을 훨씬 더 잘 이해했다. 물론 평가 기준표 자체가 불필요하다는 뜻은 아니다. 다만, 글을 잘 쓰지 못하는 학생에게 평가 기준표를 과도하게 적용하는 것은 신중하게 접근해야 한다.

교사는 학생들이 목표 지향적이고 과제 기반의 글쓰기를 수행할 수 있도록 지원해야 한다. 학생의 글씨를 평가할 때는 손 글씨 가독성 척도(Handwriting Legibility Scale,https://bit.ly/3Cgpq31)[6] 를, 쓰기 유창성을 평가할 때는 분당 단어 수(WPM)[7]와 같은 실용적인 척도를 활용할 수 있다. 분당 단어 수 척도는 다음과 같다.

연령	분당 단어 수
9세	10
10세	12
11세	14
12세	16
13세	18
14세	20
15세	22
16세	24

쓰기 유창성과 가독성은 다양한 요인(컴퓨터 타자 속도 등)에 영향을 받는다. 대체로 단순한 필사 과제는 자신의 아이디어와 어휘 지식을 활용하여 글을 쓰는 과제보다 훨씬 수월하다. 또한 특정 주제나 글의 유형에 대해 높은 수준의 배경지식을 갖춘 학생일수록 아이디어를 빠르게 생각해 낼 수 있으므로 글씨 쓰는 속도도 자연히 빨라진다.[8]

학급 전체의 글쓰기를 평가할 때는 모든 요소를 동일한 기준으로 평가하기보다는 수업 시간에 명시적으로 지도한 쓰기 전략을 중심으로 평가하는 것이 더 효과적일 수 있다. 예를 들어 글을 잘 쓰지 못하는 학생의 문제 중 하나가 자신의 글을 충분히 숙고하며 수정하거나 편집하지 않는다는 점이다. 그 이유는 대개 이들이 평가 기준표를 활용하는 법, 독자의 관점을 고려하는 법, 자신이 사용한 어휘를 수정하는 법과 같은 구체적인 전략을 배우지 못했기 때문이다. 이 경우에는 오히려 단순한 글쓰기 과제를 주고 학생이 작성한 글쓰기 준비 노트를 평가하거나 초고 수정 및 편집 횟수와 질을 중심으로 평가하는 편이 효과적일 수 있다. 특정 글쓰기 과제에서 소수의 글쓰기 전략을 집중적으로 모니터링하면 학생에게는 간결하면서도 적절한 피드백을 제공할 수 있고 동시에 교사 입장에서는 평가 부담도 줄일 수 있다.

요약하면, 필기체, 맞춤법, 어휘 사용, 수정 횟수, 문장 쓰기와 같은 세부적인 요소에 초점을 둔 평가는 비록 제한적인 요소를 평가하지만 교사에게는 실용적이고, 글을 잘 쓰지 못하는 학생에게는 의미 있는 정보를 제공할 수 있다. 이러한 평가 요소를 바탕으로 진단 평가를 실시하면 교사는 자신의 수업을 점검 및 개선하는 정보를 얻고, 학생들에게 편집 전략을 다시 지도하는 데 활용할 수 있다.

교사는 각종 맞춤법(SPaG) 시험이나 시험 위주의 평가 외의 상황에서도 유용한 글쓰기 평가 도구를 활용할 수 있다. 연구자들은 글쓰기 효능감, 즉 자신이 글을 잘 쓸 수 있다는 믿음과 자신감을 측정하기 위한 평가 도구를 개발하였다. 이들이 개발한 쓰기 효능감 척도(Self-efficacy for Writing Scale, SEWS)[9]는 다음과 같은 세 가지 요소를 중심으로 쓰기 효능감을 평가한다.

- **내용 생성:** 글에 필요한 내용을 마련하는 능력에 대한 자신감
- **쓰기 관습:** 문법, 문장 부호, 맞춤법 등의 언어 규범을 준수할 수 있다는 믿음

- **자기 조절:** 글쓰기 과제에 몰입하고, 자신의 글쓰기 태도를 조절하며, 글쓰기 과정의 어려움을 극복하여 글쓰기 과제를 완수할 수 있다는 자신감

학생들이 글을 쓸 때 얼마나 자신감을 느끼는지, 그리고 글쓰기 과제에 얼마나 즐겁게 참여하는지를 파악하는 일은 그 자체만으로 교육적인 의의가 있다. 실제 수행 능력과 그 과제에 대한 효능감의 상관성도 매우 중요하지만, 그보다 앞서 학생들의 글쓰기 태도에 관심을 기울이면 그들이 글쓰기 전략을 어떻게 수행하는지 이해하는 데 큰 도움이 된다.

학생들의 글쓰기 태도와 기능에 주목하면 그들의 글쓰기 능력을 보다 입체적으로 이해할 수 있다. 또한 이를 바탕으로 효과적으로 지도하고 평가할 수 있으며 적절한 교육적 처방을 해줄 수 있다. 글쓰기는 본질적으로 복합적인 행위이다. 체스 게임을 단 한 번의 평가로 판단할 수 없듯이 한 차례의 글쓰기 평가로 학생 글쓰기의 모든 특징을 파악하기는 어렵다. 하지만 글쓰기 태도를 평가하는 것만으로도 쓰기 격차 해소의 의미 있는 시작점이 될 수 있다.

글쓰기 피드백에 집중하기

수 세기 동안 글쓰기 피드백은 다양한 쓰기 전략을 지도하거나 글쓰기 지도 효과를 평가하는 데 활용되기보다는 표면적 오류를 수정하

라는 지시 활동에 치중해 온 경향이 있다. 소위 '빨간 펜의 폭정(The tyrannical reign of the red pen)'은 오랫동안 지울 수 없는 흔적을 남겼다.

문법 오류 교정에 과도하게 집중하다 보면 글쓰기에 필수적인 쓰기 전략이 겉핥기식으로만 다뤄질 수밖에 없다. 물론 학문적 글쓰기에서 문법적 정확성은 분명 중요한 요소이다. 하지만 문법적 오류가 눈에 잘 띈다는 이유로 그 부분에만 집착하는 것은 바람직하지 않다.

오히려 어떤 오류는 새로운 배움의 기회가 되기도 한다. 예를 들어 400년 전 출간된 『사악한 성경(Wicked Bible)』에는 '간음하지 말라(Thou shalt [not] commit adultery)'라는 계명에서 'not'이 빠지는 오류가 있었고, 이 성경은 2015년에 런던에서 31,250파운드에 거래되었다. 물론 '실수하고 부자 되자(make mistakes and get rich)'가 교실에서 유용한 조언이 될 수는 없지만 사소한 오류에 과도하게 집착할 필요는 없다.

교사들은 종종 학생 글에 어떤 방식의 피드백이 효과적인지 고민한다. 구두 피드백이 효과적인가? 아니면 서면 피드백이 더 효과적인가? 이 질문에 대한 명확한 정답은 없다. 연구자들에 의하면 학생 글에 대한 피드백을 구두로 전달하든 서면으로 전달하든 피드백 방식보다는 피드백을 어떻게 설계하고 적용하느냐가 더 중요하다고 말한다.[10] 이와 마찬가지로, 학생의 글쓰기 결과물에 점수를 부여하든, 서면 피드백을 빨간 펜으로 남기든 초록 펜으로 남기든 사실상 학생의 글쓰기 학습에 영향을 크게 미치지 않는다.

영국 교육기부재단(The Education Endowment Foundation)의 지침서 「학생의 글쓰기 능력을 키우는 교사 피드백(Teacher feedback to improve pupil learning)」[11]에서는 다음과 같이 언급하고 있다. "'훌륭합니다. 당신은 타고난 글쟁이입니다'와 같은 개인적인 칭찬은 글쓰기 과제, 내용, 자기 조절 전략에 초점을 둔 피드백보다 교육적 효과가 낮을 가능성이 높다."

	과제	주제	자기 조절 전략
쓰기 피드백	5학년 학생이 '범죄와 처벌'에 관해 논증하는 글을 썼으나 주장을 뒷받침하는 구체적인 사례가 부족하였다. 이에 교사는 전체 학급을 대상으로 역사적 사례를 활용하여 단락을 구성하는 방법을 시범 보였다.	9학년 종교 수업에서 학생들은 '결혼과 이혼'이라는 가치 논제에 대한 설명문을 썼다. 교사는 학생들에게 설명문을 쓸 때 구체적인 근거(성서 등 경전의 구절)를 인용하는 방법을 지도했다.	12학년 문학 수업에서 학생들은 시를 읽고 쓴 에세이에 대해 수정과 편집 횟수, 글의 완성도에 대한 피드백을 받았다. 교사와 학생이 함께 글을 수정하고 편집하는 데 소요된 시간, 그들이 사용한 수정 전략에 대해 함께 토의했다.

위 표는 영국 교육기부재단의 지침서 「학생의 글쓰기 능력을 키우는 교사 피드백」을 바탕으로 재구성한 것이다.

구두 피드백과 서면 피드백을 둘러싼 논쟁은 종종 글쓰기 피드백이 두 방식을 결합한 형태로 이루어진다는 사실을 간과한다. 초보 학생 필자에게 글쓰기는 매우 어려운 과제이므로 최대한의 지원과 강화가 필요하다. 여기서 문제는 학생들이 교사의 서면 피드백을 '수수께끼 같다'라고 느낀다는 점이다.[12] 이에 학생들이 교사의 피드백을 바탕으로 자신의 글쓰기를 반성하고 수정하려면 교사가 학생에게 별도로 서면 피드백 내용을 구두로 보충 설명을 해 줘야 한다.

옥스퍼드 대학 교수이자 작가인 아서 퀼러 코치(Arthur Quiller-Couch)는 "글을 쓰는 사람이라면 자신의 글을 편집하고 수정하는 과정에서 '자신이 아끼는 문장들(murder your darlings)'을 과감히 삭제해야 한다"라고 말한 바 있다. 약 백 년 뒤, 베스트셀러 소설가 스티븐 킹(Stephen King)은 여기에 "자신의 글보다 남의 글의 문장을 지우는 일이 훨씬 더 쉽다"[13]라는 말을 덧붙였다.

그렇다면, 이 말은 학생들에게 어떤 의미로 다가올 수 있을까?

교사가 학생들에게 피드백을 제공하는 것만으로는 충분하지 않다. 학생들은 자신의 글쓰기를 스스로 평가할 수 있어야 한다. 하지만 스티븐 킹의 말처럼, 자신의 글을 객관적으로 돌아보고 반성하는 일은 결코 쉬운 일이 아니다. 그러므로 '자기 평가'를 제대로 할 수 있으려면 '동료 피드백'을 해 보는 경험이 반드시 필요하다.[14] 이 활동은 동료의 글을 피드백하는 과정에서 예상 독자를 인식할 수 있다는 점에서 교육적 효과가 있다.

교사가 동료 평가 활동을 효과적으로 지원하고자 한다면 학생들이 양질의 피드백을 주고받을 수 있도록 명시적인 시범을 보여주어야 한다. 학생들이 특정 과제와 교과 학문 특성에 어울리는 다양한 쓰기 전략을 정확히 선택하고 적용할 수 있어야 한다는 점도 거듭해서 강조할 필요가 있다.

체계적으로 구조화된 '동료 교수 전략'과 예상 독자의 관점에서 '진정한 평가자'로서 글을 검토하는 경험은 피드백을 받는 학생은 물론이고 자신의 글을 수정하는 학생에게도 교육적으로 큰 의미가 있다. 글쓰기에서는 다른 사람의 우수한 글을 관찰하는 행위 자체가 매우 유익하며, 이는 자신이 수행해야 할 글쓰기 과제를 분석하고, 합리적인 이해를 바탕으로 자신의 글을 점검하고 다듬는 데 도움이 된다.

분명한 사실은 학생들이 자신의 글쓰기 능력과 배경지식을 키우려면 상당한 시간과 노력이 필요하다는 점이다. 교사, 학생 자신, 동료 중 누구에게서 피드백을 받든 그 시간이 의미 있는 학습 경험이 되어야 한다.

세상을 바꾸는 글쓰기의 힘

글쓰기는 지금까지 역사를 창조해 왔으며 세상을 변화시키는 힘을 지니고 있다. 창조적인 글쓰기 행위는 우리가 누구인지를 드러내고, 역사적 전환점을 기록하며, 한 개인의 삶을 규정짓는 시금석이 되기도 한다.

로제타석(the Rosetta Stone)에서 최초의 인터넷 프로토콜에 이르기까지, 셰익스피어(Shakespeare)가 첫 희곡을 집필했던 순간부터 마틴 루터 킹(Martin Luther King)이 위대한 연설로 자신의 꿈을 외쳤던 순간까지, 글쓰기는 인류의 역사 속에서 결정적인 변화를 이끌어 온 도구였다. 이러한 역사적 장면들은 교실 속 일상과는 다소 거리가 멀어 보일 수 있다. 그러나 이 모든 위대한 시작에는 하나의 공통점이 있다. 역사 속의 그 누구도 처음부터 작가는 아니었다는 사실이다. 그들 역시 글쓰기를 교실에서 배웠다.

세상을 바꾼 위대한 작가들과 사상가들을 하나로 잇는 연결 고리는 바로 세상에 알려지지 않은 교사들이다. 교사는 학생들이 유연한 사고를 갖도록 이끌었고 학생들은 글쓰기를 통해 세상에 지울 수 없는 흔적을 남겼다. 그 흔적은 개인과 세상을 변화시켰다. 이러한 감동적인 교육의 유산은 이 책을 펼치고 있는 모든 교사의 손끝이 닿을 수 있을 만큼 가까운 곳에 있다.

학생의 교과서에 적힌 한 문장과 그들의 미래 잠재력 사이에는 이 둘을 이어주는 가느다란 선이 있을지도 모른다. 그것은 과학 수업 시간에 적은 평범한 메모가 수십 년 뒤에는 새로운 백신 발견으로 이어질 수 있고, 혹은 8학년 국어 시간에 문학 작품을 흉내 내어 쓴 과장된 문장이 훗날 전 세계적으로 사랑을 받는 베스트셀러의 싹을 틔우는 단초가 될 수도 있다. 물론 이러한 평범한 글쓰기들은 역사책에 기록되지 않을 것이다. 그러나 그것들은 언젠가 학생들이 삶의 이야기를 써 내려가는 데 결정적인 밑거름이 될 것이다. 교사가 학생의 성장을 돕는 일 중에 이보다 더 의미 있고 가치 있는 일이 또 있을까.

쓰기 격차의 해소는 결국 교사의 작은 실천과 꾸준한 노력에서 시작된다. 복잡한 문장을 세 번이나 고쳐 쓰는 자밀라(Jamila), 자신만의 어휘 목록을 정리하는 제임스(James), 역사 에세이를 꾸준히 계획하는 자라(Zara), 지리학에 사례 연구물을 반복해서 읽는 톰(Tom), 균형 잡힌 논증문을 쓰기 위해 근거를 조사하는 로지(Rosie), 미술 포트폴리오에 들어갈 글을 다듬는 아딜(Adil), 그리고 첫 탐정 소설의 플롯을 짜는 엠마(Emma). 이들처럼 겉보기엔 작고 평범해 보이는 실천들이 쓰기 격차를 줄이는 데 핵심적인 역할을 한다.

바로 이러한 일상적인 글쓰기 실천과 노력이 쌓여야 비로소 더 큰 변화가 일어난다. 글쓰기 능력은 학교생활의 성패를 좌우하며 학업 성공의 토대가 된다. 아이들이 스케치북에 끄적이는 낙서에서부터 시험장에서 에세이를 완성하는 고학년에 이르기까지, 우리 삶에서 글쓰기가 얼마나 중요한 능력인지를 실감하게 된다.

쓰기 격차의 해소를 위한 핵심적인 7가지 전략을 다시 정리해 보자.

1. 교사가 글쓰기를 예술과 과학적 관점에서 통합적으로 지도할 수 있도록 교사 연수를 강화하라.
2. 글쓰기 지도에서 말하기와 글쓰기의 수사적 기원을 적극적으로 활용하라.
3. 글쓰기 과정의 각 단계를 명시적으로 시범 보이고 지도하라.
4. 학생들에게 문법 지식을 지도하여 글쓰기에서 정교한 언어 선택을 할 수 있도록 지원하라.
5. 글의 질을 높이는 문장 쓰기 교육에 집중하라.
6. 교과의 학문적 특성을 반영한 학문적 글쓰기를 먼저 지도하라.
7. 초점화된 피드백을 계획하고, 우수한 글을 판단할 수 있는 명확한 평가 기준을 마련하라.

이 책을 읽어 주셔서 진심으로 감사드립니다.

여러분이 학생들에게 남긴 가르침의 흔적이 그들에게 세상에 자신만의 발자취를 새길 수 있는 힘이 되길 바랍니다.

주석

1. MacNeill, S. (2018). A very particular weakness. Herts for Learning, 2018 February 21. 출처: www.hertsforlearning.co.uk/blog/very-particular-weakness.

2. Dunsmuir et al. (2015). An evaluation of the Writing Assessment Measure (WAM) for children's narrative writing. *Assessing Writing, 23*, 1–18.

3. Rezaei, A. R., & Lovorn, M. (2010). Reliability and validity of rubrics for assessment through writing. *Assessing Writing, 15*, 18–39. 출처: https://doi.org/10.1016/j.asw.2010.01.003.

4. Jones, I., & Wheadon, C. (2015). Peer assessment using comparative and absolute judgement. *Studies in Educational Evaluation, 47*, 93–101.

5. Christodoulou, D. (2018). Comparative judgement: The next big revolution in assessment? 출처: https://researched.org.uk/2018/07/06/comparative-judgement-the-next-big-revolution-in-assessment-2/.

6. Barnett, A. L., Prunty, M., & Rosenblum, S. (2018). Development of the Handwriting Legibility Scale (HLS): a preliminary examination of Reliability and Validity. *Research in Developmental Disabilities, 72*, 240–247.

7. Murphy-Francis, D. (2016). Handwriting assessment for teachers and parents. 출처: https://educational-psychologist.co.uk/sen-resources-blog/2016/1/22/handwriting-assessment-for-teachers-and-parents.

8. Willingham, D. (2006). How knowledge helps. *American Educator*, Spring

2006. 온라인 접속 경로: www.aft.org/ periodical/american-educator/spring-2006/how- knowledge-helps.

9. Bruning et al. (2013). Examining dimensions for self-efficacy for writing. *Journal of Educational Psychology, 105*(1), 25–38. 온라인 접속 경로: www.researchgate.net/publication/258111166_Examining_Dimensions_of_Self-Efficacy_for_Writing/link/02e7e526fe5d8e5b34000000/download.

10. Education Endowment Foundation. (2021). *Teacher feedback to improve pupil learning*. London: Education Endowment Foundation.

11. 위의 책.

12. Allen, L., Roscoe, R., & McNamara, D. (2013). Evaluative misalignment of 10th-grade student and teacher criteria for essay quality: An automated textual analysis. *Journal of Writing Research, 5*, 35–59. 10.17239/jowr-2013.05.01.2.

13. King, S. (2012). *On writing: A memoir of the craft*. New York: Simon & Schuster.

14. Black, P., Harrison, C., Lee, C., Marshall, B., & William, D. (2003). *Assessment for learning – putting it into practice*. Maidenhead: Open University Press.

용어사전

수사적 기법(Rhetorical devices)

전사반복(Anadiplosis) – 한 문장이나 절의 마지막 단어를 다음 문장이나 절의 첫 단어로 반복하는 기법

수구반복(Anaphora) – 문장이나 절의 처음 부분에 동일한 단어나 구절을 반복하는 기법

도치법(Anastrophe) – 강조하기 위해 문장의 일반적인 어순을 바꾸는 구조적 장치로, 흔히 요다형 문장(Yoda sentences)이라고 함

대조법(Antithesis) – 두 상반된 개념을 한 문장 내 또는 인접한 문장 안에 두는 구조적 장치

접속사 생략(Asyndeton) – '그리고', '그러나'와 같은 접속사를 생략하여 강한 리듬감을 주는 표현 기법

대구법(Chiasmus) – 구절이나 문장을 두 개 배치하고, 두 번째 구절이나 문장을 바꾸어 배치함으로써 균형과 대칭의 미적 효과를 만들어 내는 구조적 장치

결구반복(Epistrophe) – 문장이나 절의 끝에 동일한 단어나 구절을 반복하는 표현 기법

열거법(Eutrepismus) – 내용을 명확하게 전달하기 위해 절이나 문장을 일정한 순서에 따라 구성하는 구조적 장치

에토스(Ethos) – 글쓴이의 성품이나 전문성으로 호소하는 설득 전략

로고스(Logos) – 메시지의 논리성에 호소하는 설득 전략

파토스(Pathos) – 독자의 감성과 신념에 호소하는 설득 전략

접속사 반복(Polysyndeton) – 강한 리듬감의 효과를 주기 위해 접속사를 의도적으로 반복하는 기법

고전 작문 연습(Progymnasmata) – 고대 로마 교육과정에서 유래한 14단계 글쓰기 연습 시리즈

삼항구(Tricolon) – 구조, 길이, 리듬이 유사한 세 개의 단어, 구, 문장을 나열하여 구성하는 구조적 장치

문법과 글쓰기(Grammar and writing)

형용사(Adjective) – 단어의 상태를 묘사하는 단어 예) '파란(blue)', '깔끔한(smart)', '까다로운(tricky)'

부사(Adverb) – 동사, 형용사, 또 다른 부사를 수식하거나 그 의미를 한정하는 단어 또는 구(보통 '-ly'로 끝남), 예) '화난 듯이(angrily)', '조용히(quietly)', '시장한 듯이(hungrily)'

문두 부사어(Fronted adverbial) – 부사(단어 또는 구)가 문장의 앞부분, 즉, 동사 앞에 제시되는 경우, 예) '첫째로…(Firstly,…)', '오늘 초반에는(Earlier today…)'

절(Clauses)

동격절(Appositive clause) – 앞에 나온 명사를 덧붙여서 설명하거나 의미를 명확하게 구체화해 주는 명사구, 예) 열렬한 독자이자 작가인 그 소녀는 그 이야기를 재빨리 완성했다(The girl, an avid reader and writer, quickly completed the tale)

종속절(Dependent clause) - 주절 없이는 완전한 문장이 될 수 없는 절, 예) '학생들에게 중요했던(which was important to the class)'

내포문(Embedded clause) - 하나의 절의 가운데에 삽입되어 있는 절, 예) '글쓰기에 열정적인 우리 반은 새로운 프로젝트를 시작했다(My class, *who are enthusiastic writers*, began their new project)'

독립절, 주절(Independent, main clause) - 독립적으로 완전한 문장이 될 수 있는 절, 예) '그 학급은 균형 잡힌 주장을 했다(The class wrote their balanced argument)'

종속절(Subordinate clause) - 대체로 접속사로 이어진, 주절에 정보를 추가하는 절

연어(Collocation) - 용법상 흔히 함께 쓰이는 단어들, 예) '무언가로 때우다(make do)', '애독가(avid reader)'

콤마 연결 오류(Comma splice) - 두 독립절을 연결할 때, 접속사, 콜론, 세미콜론 대신 콤마만으로 연결하는 오류

문장 구성(Composition) - 글쓴이가 단어와 아이디어를 문장으로 합하는 방식

미괄식 문장(End focused sentences) - 긴 명사구를 문장의 끝부분에 배치하여, 마지막 단어나 구절이 인상을 주게끔 강조하는 문장 구조

자기 조절 기능(Executive function) - 글을 쓸 때 계획을 세우고, 글을 쓰는 과정에 집중하며, 끝내 글쓰기 목표를 달성하도록 스스로 조절하는 능력

조각 문장(Fragment) - 주어, 동사 또는 둘 다 생략되어 문장이 완전하지 않은 경우, 예) '폭풍 때문에(because of the storm what?)'

동음이의어(Homophones) - 발음은 같지만 의미가 다른 두 개 또는 그 이상의 단어 예) 'new'와 'knew'

명사화(Nominalisation) – 동사나 형용사를 명사로 바꾼 것, 예) '땀(sweat)'/'땀을 흘리다(perspire)' 〉 '발한(perspiration)'

명사(Nouns)/명사구(noun phrase) – 사람, 장소, 사물 부류를 나타내는 단어(보통 명사) 또는 그것과 구별하기 위해 부르는 특정한 이름(고유명사)을 나타내는 단어

수동태(Passive voice) ↔ 능동태(active voice) – 문장의 주어가 동작을 직접 하는 것이 아니라 동작의 대상이 되어 그 작용을 받는 형식, 예) 용액이 비커에서 혼합되었다.

우측 분기형 문장(Right branching sentences) – 문장의 시작 부분에 주어(명사)와 동사가 나타나고, 그 뒤에 추가 정보가 오른쪽에 덧붙여지는 형태로, 의미를 명료하게 전달하는 문장 구조

주어 동사의 수 일치(Subject verb agreemen) – 문장의 주어와 동사의 수(단수/복수)가 일치해야 함 예) 'The <u>clothes are</u> too small for me'는 옳은 문장이지만, 'The <u>clothes is</u> too small for me'는 틀린 문장임

통사론(Syntax) – 문장에서 단어, 구, 절이 배열되는 방식

전사하기(Transcription) – 글씨 쓰기, 정확한 맞춤법, 타이핑 하기 등을 포함한 글쓰기 행위

동사(Verbs)

보조 동사(Auxiliary verb) – 동사의 시제, 상태, 서법을 표현할 때 쓰이는 '보조 동사', 예) 'am', 'were', 'has', 'had', 'does', 'did'

조동사(Modal verb) – 주동사에 가능성, 능력, 허가 등의 의미를 더하는 조동사, 예) 'can', 'could', 'might', 'may', 'should'

상태 동사(State verb) – 동작이 아닌 '상태'를 나타내는 동사, 예) '인식하다(believe)', '상상하다(imagine)', '싫어하다(dislike)', '소속하다(belong)', '이해하다(understand)', '사랑하다(love)'

참고문헌

Ahmed, T., Kent, S., Cirino, P. T., & Keller-Margulis, M. (2021). The not-so-simple view of writing in struggling readers/writers. *Reading & Writing Quarterly*, DOI:10.1080/10573569.2021.1948374.

Applebee, A. N. (2000). Alternative models of writing development. In R. Indrisano, & J. R. Squire (Eds.), *Perspectives on writing: Research, theory, and practice* (pp. 90–110). International Reading Association, DOI:10.1598/0872072681.4.

Applebee, A. N., & Langer, J. A. (2009). What is happening in the teaching of writing? *English Journal, 98*(5) (2009), 18–38.

Applebee, A, N., Lehr, F., & Auten, A. (1981). Learning to write in the secondary school: How and where. *The English Journal, 70*(5), 78–82.

Barrs, M. (2019). Teaching bad writing. *English in Education, 53*(1), 18–31, DOI:10.1080/04250494.2018.1557858.

Berninger, V. W., Nagy, W. E., & Beers, S. (2011). Child writers' construction and reconstruction of single sentences and construction of multi-sentence texts: contributions of syntax and transcription to translation. *Reading and Writing, 24*, 151–182.

Berninger, V., Vaughan, K., Abbott, R. D., Begay, K., Coleman, K.B., Curtin, G., …Graham., S. (2002). Teaching spelling and composition alone and together: Implications for the simple view of writing. *Journal of Educational Psychology, 94*, 291–304, DOI:10.1037/0022-0663.94.2.291.

Biber, D., & Gray, B. (2010). Challenging stereotypes about academic writing: Complexity, elaboration, explicitness. *Journal of English for Academic Purposes, 9*, 2–20.

Biber, D., & Gray, B. (2016). *Grammatical complexity in academic English.* Cambridge: Cambridge University Press.

Brown, A. (2018). *Understanding and teaching English spelling: A strategic guide.* Oxon: Routledge.

Bruning, R., Kauffman, D., Dempsey, M. S., & Zumbrunn, S. (2013). Examining dimensions of self-efficacy for writing. *Journal of Educational Psychology, 105*(1), 25–38.

Cabell, S. Q., Tortorelli, L. S., & Gerde, H. K. (2013). How do I write…? Scaffolding preschoolers' early writing skills. *The Reading Teacher, 66*, (8), 650–659.

Chang, W., & Ku, Y-M. (2015). The effects of note-taking skills instruction on elementary students' reading. *The Journal of Educational Research, 108*(4), 278–291, DOI:10.1080/00220671.2014.886175.

Chen, H., Myhill, D., & Lewis, H. (2020). *Developing writers across the primary and secondary years: Growing into writing.* Oxon: Routledge.

Christodoulou, D. (2016). *Making good progress? The future of assessment for learning.* Oxon: Routledge.

Coffin, C. (2006). Learning the language of school history: the role of linguistics in mapping the writing demands of the secondary school curriculum. *Journal of Curriculum Studies, 38*(4), 413–429.

Crystal, D. (2007). *Words, words, words.* USA: Oxford University Press.

Crystal, D. (2012). *Spell it out: the singular story of English spelling.* London: Profile Books.

Crystal, D. (2015). *Making a point: The pernickety story of English punctuation.* London: Profile Books.

Crystal, D. (2017). *Making sense: The glamorous story of English grammar.* London: Profile Books.

Didau, D. (2021). *Making meaning in English: Exploring the role of knowledge in the English curriculum.* Oxon: Routledge.

Drew, S. V. et al. (2017). Framework for Disciplinary Writing in Science Grades 6–12: A National Survey. *Journal of Educational Psychology, 109*(7), 935–955.

Dombey, H. (2013). What we know about teaching writing. *Preschool and Primary Education, 1*(1), 22–40.

Dockrell, J. E., Marshall, C. R., & Wyse, D. (2016). Teachers' reported practices for teaching writing in England. *Reading and Writing, 29,* 409–434. DOI:10.1007/s11145-015-9605-9.

Dunsmuir et al. (2014). An evaluation of the Writing Assessment Measure (WAM) for children's narrative writing. *Assessing Writing 23,* 1–18.

Education Endowment Foundation. (2018). *Metacognition and self-regulation guidance report.* London: Education Endowment Foundation.

Education Endowment Foundation. (2018). *Preparing for literacy: Improving communication, language and literacy in the early years guidance report.* London: Education Endowment Foundation.

Education Endowment Foundation. (2019). *Improving literacy in secondary schools guidance report*. London: Education Endowment Foundation.

Education Endowment Foundation. (2021). *Improving literacy in key stage 1*. London: Education Endowment Foundation.

Education Endowment Foundation. (2021). *Improving literacy in key stage 2*. London: Education Endowment Foundation.

Education Endowment Foundation. (2021). *Teacher feedback to improve pupil learning*. London: Education Endowment Foundation.

Enderle, P. et al. (2013). Cross-disciplinary writing: Scientific argumentation, the common core, and the ADI model. *Science Scope, 37*(1), 16–22.

Eunice Kennedy Shriver National Institute of Child Health and Human Development, NIH, DHHS. (2010). *What content-area teachers should know about adolescent literacy (NA)*. Washington, DC: US Government Printing Office.

Feng, L., Joshi, R. M. M., Lindner, A., & Ji, X. R. (2019). The roles of handwriting and keyboarding in writing: A meta-analytic review. *Reading and Writing, 32*(1). DOI:10.1007/s11145-017-9749-x.

Fischer, S. R. (2003). *A history of writing*. Netherlands: Reaktion Books Ltd.

Fish, S. (2012). *How to write a sentence and how to read one*. New York: Harper Paperbacks.

Fletcher-Wood, H. (2021). *Habits of success: Getting every student learning*. Oxon: Routledge.

Gathercole, S. E., & Alloway, T. P. (2007). *Understanding Working Memory: A Classroom Guide*. Working Memory & Learning. London: Harcourt Assessment.

Gibbons, P. (2015). *Scaffolding language, scaffolding learning: Teaching English language learners in the mainstream classroom* (2nd ed.). Portsmouth: Heinemann.

Graham, S. (1999). Handwriting and spelling instruction for students with learning disabilities: A review. *Learning Disability Quarterly, 22*(2), 78–98.

Graham, S. (2011). The process writing approach: A meta-analysis. *The Journal of Educational Research, 104*, 396–407.

Graham, S. (2018). Handwriting instruction: a commentary on five studies. *Reading and Writing, 31*(4), 1–11. DOI:10.1007/s11145-018-9854-5.

Graham, S. (2020). The sciences of reading and writing must become more fully integrated. *Reading Research Quarterly, 55*(S1), s35–s44.

Graham, S., & Hebert, M. (2011). Writing to read: A meta-analysis of the impact of writing and writing instruction on reading. *Harvard Educational Review, 81*, 710–744. 10.17763/haer.81. 4.t2k0m13756113566.

Graham, S., & Hebert, M. A. (2010). *Writing to read: Evidence for how writing can improve reading. A Carnegie Corporation Time to Act Report.* Washington, DC: Alliance for Excellent Education.

Graham, S., Liu, X., Aitken, A., Ng, C., Bartlett, B., Harris, K., & Holzapfel, J. (2017). Effectiveness of literacy programs balancing reading and writing instruction: A meta-analysis. *Reading Research Quarterly, 53*(3), 279–304. DOI:10.1002/rrq.194.

Graham, S., MacArthur, C. A., & Hebert, M. (2019). *Best practices in writing instruction.* London: The Guilford Press.

Graham, S., & Perin, D. (2007). *Writing next: Effective strategies to improve writing of adolescents in middle and high schools – A report to Carnegie Corporation of New York.* Washington, DC: Alliance for Excellent Education.

Graham, S., & Rijlaarsdam, G. (2016). Writing education around the globe: introduction and call for a new global analysis. *Reading and Writing, 29,* 781–792.

Grigorenko, E. L., Mambrino, E., & Preiss, D. D. (2012). *Writing: A mosaic of new perspectives.* Hove: Psychology Press.

Halliday, M. A. K. (2004a). The grammatical construction of scientific knowledge: The framing of the English clause. In Webster, J. J. (Ed.), *The language of science* (Volume 5 in the Collected Works of M. A. K. Halliday) (pp. 102–134). London: Continuum.

Halliday, M. A. K., & Matthiessen (2004b). *An Introduction to Functional Grammar* (3rd ed.). London: Hodder Arnold.

Harmey, S., & Wilkinson, I. (2019). A critical review of the logics of inquiry in studies of early writing development. *Journal of Writing Research, 11*(1), 41–78.

Harris, K. R., & Graham, S. (2016). Self-regulated strategy development in writing: Policy implications of an evidence-based practice. *Policy Insights from the Behavioural and Brain Sciences, 3*(1), 77–84.

Harris, K., R., Graham, S., Mason, L., H., & Saddler, B. (2002). Developing self-regulated writers. *Theory Into Practice, 41*(2), 110–115. DOI:10.1207/s15430421tip4102_7.

Hattan, C., & Lupo, S. M. (2020). Rethinking the role of knowledge in the literacy classroom. *Reading Research Quarterly, 55*(S1), S283–S298.

Heller, R., & Greenleaf, C. L. (2007). *Literacy instruction in the content areas: getting to the core of middle and high school improvement.* Washington, DC: Alliance for Excellent Education.

Hinkel, E. (2020). *Teaching academic L2 writing: Practical techniques in vocabulary and grammar.* Oxon: Routledge.

Hochman, J. C., & Wexler, N. (2017). *The writing revolution: A guide to adapting thinking through writing in all subjects and grades.* San Francisco, CA: Jossey-Bass.

Hodgson, J., & Harris, A. (2021) Make grammar great again? *English in Education, 55*(3), 208–221. DOI:10.1080/04250494.2021.1943225.

Hughes, E. M., & Lee, J.-Y. (2020). Effects of a mathematical writing intervention on middle school students' performance. *Reading & Writing Quarterly, 36*(2), 176–192. DOI:10.1080/10573569.2019.1677537.

Hunter, K., & Tse, H. (2013). Making disciplinary writing and thinking practices an integral part of academic content teaching. *Active Learning in Higher Education, 14*(3), 227–239. DOI:10.1177/1469787413498037.

Jones, I., & Wheadon, C. (2015). Peer assessment using comparative and absolute judgement. *Studies in Educational Evaluation, 47,* 93–101.

Kellogg, R. T. (2008). Training writing skills: A cognitive developmental perspective. *Journal of Writing Research, 1*(1), 1–26.

Kennedy, G. A. (2013). *Quintilian: A Roman educator and his quest for the perfect orator.* Sophron.

King, S. (2012). *On writing: A memoir of the craft.* New York: Simon & Schuster.

Lampi, J. P., & Reynolds, T. (2018). Connecting practice and research: From tacit to explicit disciplinary writing instruction. *Journal of Developmental Education, 41*(2).

Lee, C. C. (2007). Graphic organisers as scaffolding for students' revision in the pre-writing stage. In *ICT: Providing choices for learners and learning. Proceedings ascilite Singapore 2007.* www.ascilite.org.au/conferences/singapore07/procs/lee-cc.pdf.

Leith, S. (2017). *Write to the point.* London: Profile Books Ltd.

Leith, S. (2011). *You talkin' to me? Rhetoric from Aristotle to Obama.* London: Profile Books Ltd.

MacArthur, C. A., Graham, S., & Fitzgerald, J. (2017). *Handbook of writing research.* New York: The Guilford Press.

McCutchen, D. (2011). From novice to expert: Implications of language skills and relevant knowledge for memory during the development of writing skill. *Journal of Writing Research, 2*(1), 51–68.

Mason, L. H., Harris, K. R., & Graham, S. (2011). Self-regulated strategy development for students with writing difficulties. *Theory into Practice, 50*(1), 20–27. DOI:10.1080/00405841.2011.534922.

McGhee, M. W., & Lew, C. (2007). Leadership and writing: How principals' knowledge, beliefs, and interventions affect writing instruction in elementary and secondary schools. *Educational Administration Quarterly, 43*(3) 358–380.

Moran, J. (2018). *First you write a sentence.* London: Penguin Books.

Myhill, D. (2000). Misconceptions and difficulties in the acquisition of metalinguistic knowledge. *Language and Education, 14*(3), 151–163. DOI:10.1080/09500780008666787.

Myhill, D. (2001). Writing: crafting and creating. *English in Education, 35*(3), 13 –20. DOI:10.1111/j.1754-8845.2001.tb00744.x.

Myhill, D. (2005). Testing times: the impact of prior knowledge on written genres produced in examination settings. Assessment in Education: Principles, *Policy & Practice, 12*(3), 289–300. DOI:10.1080/09695940500337256.

Myhill, D., Jones, S., & Watson, A. (2012). Grammar matters: How teachers' grammatical knowledge impacts on the teaching of writing. *Teaching and Teacher Education, 36*, 77–91.

Murphy, J. J. (2012). *A short history of writing instruction: From Ancient Greece to contemporary America* (3rd ed.). New York: Routledge.

Murphy, J. J., & Wiese, C. (2016). *Quintilian: On the teaching of speaking and writing* (2nd ed.). Carbondale, IL: Southern Illinois University Press.

Nagy, W., & Townsend, D. (2012). Words as tools: Learning academic vocabulary as language acquisition. *Reading Research Quarterly, 47*(1), 91–108.

Neuen, S., & Tebeaux, E. (2017). Writing science right: Strategies for teaching scientific writing. Oxon: Routledge.

Peacock, C. (2019). *Teaching writing: A systematic approach.* Oxon: Routledge.

Petelin, R. (2016). *How writing works: A field guide to effective writing.* Oxon: Routledge.

Quigley, A. (2018). *Closing the vocabulary gap.* Oxon: Routledge.

Quigley, A. (2020). *Closing the reading gap.* Oxon: Routledge.

Rastle, K. (2019). EPS mid-career prize lecture: Writing systems, reading and language. *The Quarterly Journal of Experimental Psychology, 72*(4), 677–692. https://doi.org/10.1177/1747021819829696.

Reed, D. (2012). *Why teach spelling?* Portsmouth, NH: RMC Research Corporation, Centre on Instruction.

Schwellnus, H., Cameron, H., & Carnahan, H. (2012). Which to choose? Manuscript or cursive handwriting? A review of the literature. *Journal of Occupational Therapy, Schools, & Early Intervention, 5*(3–4).

Shanahan, C. (2015). *Disciplinary literacy strategies in content area classes.* International Literacy Association Essentials.

Shanahan, T., & Shanahan, C. (2017). Disciplinary Literacy: Just the FAQs. *Educational Leadership: Journal of the Department of Supervision and Curriculum Development, N.E.A., 74*(5), 18–22.

Shanahan, T., & Shanahan, C. (2008). Teaching disciplinary literacy to adolescents: Rethinking content-area literacy. *Harvard Educational Review, 78*(1), 40–59.

Shanahan, C., & Shanahan, T. (2014). The implications of disciplinary literacy. *Journal of Adolescent and Adult Literacy, 57*(8), 628–631.

Sumner, E., Barnett, A. L., & Connelly, V. (2014). The influence of spelling ability on handwriting production: Children with and without dyslexia. *Journal of Experimental Psychology: Learning, Memory and Cognition, 40*(5), 1441–1447.

Teng, M. F. (2020). Young learners' reading and writing performance:

Exploring collaborative modelling of text structure as an additional component of self-regulated strategy development. *Studies in Educational Evaluation, 65,* 100870.

Truss, L. (2009). *Eats, shoots & leaves: The zero-tolerance approach to punctuation.* London: Fourth Estate.

Van der Schaaf, M., Baartman, L., Prins, F., Oosterbaan, A., & Schaap, H. (2013). Feedback dialogues that stimulate students' reflective thinking. *Scandinavian Journal of Educational Research, 57*(3), 227–245.

Watanabe, L. M., & Hall-Kenyon, K. M. (2011). Improving young children's writing: The influence of story structure on kindergartners' writing complexity. *Literacy Research and Instruction, 50*(4), 272–293. DOI:10.1080/19388071.2010.514035.

Watson, C. (2019). *Semicolon.* London: Fourth Estate.

Wexler, N. (2019). *The knowledge gap: The hidden cause of America's broken education system –and how to fix it.* New York: Avery.

Wyse, D. (2017). *How writing works: From the invention of the alphabet to the rise of social media.* Cambridge: Cambridge University Press.

찾아보기

※ 이탤릭체로 표시된 쪽수는 그림(Figures)이 수록된 페이지를 나타낸 것입니다.
이 책은 '글쓰기(writing)'가 핵심 키워드이므로, 색인 항목 중에서도 글쓰기에 관련된 내용만 간략히 정리하였으며. 구체적인 주제어나 항목은 색인을 직접 참고해 주시기 바랍니다.

(1~A)

(ㄱ)

(ㄴ)

(ㄷ)

(ㄹ)

(ㅁ)

(ㅂ)

(ㅅ)

(ㅇ)

(ㅈ)

(ㅊ)

(ㅋ)

(ㅌ)

(ㅍ)

(ㅎ)

쓰기 격차의 해소

1판 1쇄 인쇄_2025년 04월 20일
1판 1쇄 발행_2025년 04월 30일

지은이_Alex Quigley
옮긴이_김진희
감수자_안언아
펴낸이_홍정표
펴낸곳_글로벌콘텐츠
등록_제25100-2008-000024호

공급처_(주)글로벌콘텐츠출판그룹
대표_홍정표 이사_김미미 편집_백찬미 남혜인 권군오 홍명지 기획·마케팅_홍민지
주소_서울특별시 강동구 풍성로 87-6
전화_02) 488-3280 팩스_02) 488-3281
홈페이지_http://www.gcbook.co.kr
이메일_edit@gcbook.co.kr

값 22,000원
ISBN 979-11-5852-531-6 93370